100% 채소로 맛있게

체질밥상 보약밥상

김외순

살림Life

에코ㅅ이 함께 만든 책!
먼저 읽어 봤어요!

배정민 | 경기도 성남시 분당구
동양의학인 사상의학 이론을 실질적인 식생활과 짝지어 설명해 어렵지 않고 술술 읽히네요. 특히 여러 병증에 따른 식이요법을 함께 제시해 준 부분이 무척 흥미로웠습니다. 체질별로 병증을 다스리는 방법도 다르고 먹어야 하는 음식도 다르다는 사실은 원고를 보고 처음 알았답니다. 앞으로 가족들이 가벼운 감기를 앓을 때는 약을 찾기보다는 체질에 맞는 식탁을 차려 내야겠네요.

김경숙 | 서울시 영등포구 여의도동
채식 위주의 식생활을 하다 보면 다양한 조리법에 관심을 기울이게 됩니다. 이 책에는 흔한 재료를 참신한 방식으로 사용한 요리가 많아 실생활에 직접적으로 도움이 되네요. 또 요리마다 어떤 체질에 좋은지 나와 있어서 체질별로 음식을 선택하기도 쉽습니다. 참, 주말 채식에 대한 내용이 많이 와 닿았는데 사회생활 때문에 채식에 쉽게 도전하지 못하는 사람들이 실천할 수 있는 좋은 아이디어 같습니다. 이번 주말부터 당장 도전해 보고 싶어지네요.

문희진 | 경기도 고양시 덕양구
채식에 대한 생각은 있었지만 그동안 독하게 마음먹지 못해서 미뤄 두고 있었습니다. 그런데 책에 나온 채식 적응 훈련법부터 끈기 있게 유지하는 노하우까지 보니 채식 문턱이 확 낮아지는 느낌이 드네요. 채식이 영양학적으로 부족한 식단이라는 기존의 관념에도 이젠 여유 있게 대응할 수 있을 것 같습니다. 성격도 입맛도 확연히 달라 늘 고민이었던 남편 밥상도 체질에 맞고 마음도 다스릴 수 있는 음식으로 차려 주고 싶습니다.

※ 「살림로하스」 원고 모니터링에 참여해 주신 한살림, 파주두레생협, 마포두레생협 조합원 100여 분께 감사드립니다.

Think Green!
Love Lohas!

자연과 사람을 공경하는
당신이 아름답습니다!

인간과 지구는 함께 살아가는 동반자입니다.
살림로하스는 개인의 건강뿐만 아니라 사회의 건강, 자연의 건강을 추구합니다.
잘 먹고 잘 사는 웰빙을 넘어 인류와 지구를 생각하는 작지만 큰 실천을 담고 있습니다.
지구도 살고 인간도 사는 로하스 라이프!
작은 습관의 변화가 큰 변화를 만들어 냅니다.

| 일러두기 |

1 먹을거리의 기본은 맛입니다. 몸에 좋은 먹을거리도 맛이 있어야 즐겁습니다.
   살림로하스는 좋은 재료 자체의 맛을 살리는 최소한의 레시피로 건강한 맛을 추구합니다.

2 모든 먹을거리는 믿을 수 있는 재료로 만든 건강한 요리여야 합니다.
   살림로하스의 모든 레시피는 몸에 좋지 않은 것은 아무것도 넣지 않아 걱정 없이 즐길 수 있습니다.

3 요리는 즐거워야 합니다. 레시피에 얽매이다 보면 요리가 어렵게 느껴집니다.
   재료 중 준비하기 어려운 것은 비슷한 맛이 나는 것으로 대체하거나 넣지 않아도 무방합니다.
   좋아하는 재료를 더 넣어도 좋습니다. 살림로하스의 레시피를 가이드라인으로 삼아 자기만의
   요리 스타일을 살려 보세요. 단, 요리 초보자라면 레시피대로 하는 것이 좋습니다.

4 이 책의 요리 재료는 모두 2인분을 기준으로 만들었습니다.

들어가는글
체질별로 차리는 풍성한 초록 식탁

사람들은 얼굴 생김이 저마다 다른 것처럼 체질 또한 각자 다릅니다. 이 체질에 따라 생김, 성격, 섭생, 생활습관 등이 차이가 나게 되지요. 자신의 체질을 알고 체질에 맞는 섭생과 생활습관을 갖는다면 보다 건강한 생활을 영위할 수 있습니다. 반대로 자신의 체질과 맞지 않는 섭생이나 생활습관을 갖고 있으면 장기가 허약해지고 병이 생길 수도 있지요. 아무리 좋은 음식도 체질에 맞지 않으면 몸을 해칠 수 있는 것입니다.

체질은 선천적으로 타고나기도 하지만 섭생을 통해 좋은 방향으로 바꿀 수도 있습니다. 섭생을 바꿔 체질을 바꾼다는 것은 나쁜 섭생법을 줄이고 좋은 섭생법을 선택함으로써 건강을 회복하고자 하는 의미입니다. 섭생으로 체질을 바꾸는 가장 대표적인 방법은 채식입니다. 육식을 포기하고 채식을 선택하는 것은 체질을 바꾸는 과정이기도 하고, 건강을 위한 '무한도전'이기도 합니다.

건강을 위해서 채식을 한다는 것은 어떤 의미일까요? 지금까지의 식습관을 잊고 자신의 체질에 맞는 채소와 곡류, 과일 등으로 준비한 채식밥상을 차려야 한다는 것입니다. 그러기 위해서는 자신에게 맞는 채소를 언제 먹는 것이 좋고 어떤 식으로 먹는 것이 좋으며 맛있게 먹으려면 어떤 방법이 있는지 등에 관심을 기울여야 합니다. 채식은 패스트푸드와 인스턴트식품, 육식 등에 익숙한 입맛으로 보자면 심심하고 맛이 없습니다. 그래서 건강을 위해 선택했다가도 얼마 못 가 포기하는 경우가 많지요. 채식의 효과를 보기 위해서는 꾸준히 오랫동안 채소를 먹으며 몸을 변화시켜야 합니다.

채식을 한다고 갑작스레 푸른 잎채소만 먹기 시작하면 갑작스런 영양의 불균형으로 인해 오히려 건강에 해를 끼칠 수 있으니 주의해야 합니다. 특히, 채식을 하게 되면 단백질이나 지방의 섭취가 부족하기 쉽습니다. 때문에 채식 식단을 짤 때는 곡류, 견과류, 채소류, 버섯류 등 다양한 식재료를 활용해 각종 영양소를 골고루 섭취할 수 있도록 고려해야 합니다. 또 채식 초기 단계에는 적은 양으로 시작해서 차츰 양이나 횟수를 늘려 가거나, 하루에 한 번 또는 일주일에 하루 정도 자연스럽게 채식을 접하면서 채식 밥상과 친해지도록 해야 우리 몸도 조금씩 채식에 적응하게 됩니다.

이 책에는 다양한 채소나 곡류의 영양이 체질과 어떻게 관계되어 있는지가 자세히 나와 있습니다. 또한 거부감이 들지 않도록 채식을 시작하는 법과 체질과 맞는 채소나 곡류를 고르는 법, 채식 식단 짜는 법 등 풍부한 정보가 있으니 유용하게 이용하셨으면 합니다. 이 책을 접하는 모든 분들이 자신의 체질을 알고 몸에 맞는 재료를 골라 건강한 식단을 차리길 바랍니다.

김외순

한눈에 보는 레시피

태양인

 메밀묵밥 36
 냉쌀국수 39
 검은콩비지찌개 66
 흑임자죽 70
 가지구이 77

 토마토소스리조또 80
 파인애플소스샐러드 96
 상추겉절이 106
 시금치샐러드 109

태음인

 수수만두 34
 율무밥 44
 호두간장조림 54
 밤조림 56
 버섯들깨탕 59

 잣죽 68
 은행죽 69
 호박잡채 75
 연근조림 82
 고구마케이크 89
 매실장아찌 94

 머위쌈밥 104
 죽순채나물 119
 표고버섯탕수 123
 새송이버섯산적 125
 다시마튀각 130

소양인

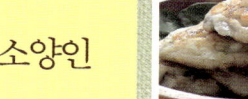

녹두부침 43

보리밥 45

강낭콩채소조림 61

죽순깨소스무침 62

완두콩죽 71

오이겉절이 78

우엉채볶음 85

숙주낫토무침 110

아욱된장국 112

느타리버섯덮밥 127

청포묵김가루무침 129

소음인

옥수수범벅 41

현미밥 46

찹쌀주먹밥 47

연두부탕 65

양파장아찌 87

감자채전 90

사과파이 92

부추김치 114

브로콜리유자피클 116

모든 체질

냉쌀국수 39

완두콩죽 71

토마토소스리조또 80

다시마튀각 130

Contents
차 례

Chapter 01
체질에 맞는 음식이 약이다

- 012 체질에 따른 라이프스타일
- 016 가벼운 질병을 다스리는 체질 식품
- 019 무거운 질병을 다스리는 체질 식품
- 022 올바른 채식의 시작
- 024 채식 적응 훈련법
- 026 채식을 위한 식재료 선택 및 보관법
- 028 채식의 영양 균형 맞추기
- 029 체질별 주말 채식 식단
- 030 채식을 풍부하게 만드는 양념

Chapter 02
알알이 영양 가득, 곡류

- 034 수수만두 태음인
- 039 냉쌀국수 모든 체질, 태양인
- 043 녹두부침 소양인
- 045 보리밥 소양인
- 047 찹쌀주먹밥 소음인
- 036 메밀묵밥 태양인
- 041 옥수수범벅 소음인
- 044 율무밥 태음인
- 046 현미밥 태음인, 소음인

LOHAS Story | 농사 짓는 촬영감독 장성백
- 048 레디, 액션! 각본 없는 드라마가 시작되다

Chapter 03
단백질 보급원, 두류와 견과류

- 054 호두간장조림 태음인
- 059 버섯들깨탕 태음인
- 062 죽순깨소스무침 소양인
- 066 검은콩비지찌개 태양인
- 069 은행죽 태음인
- 071 완두콩죽 모든 체질, 소양인
- 056 밤조림 태음인
- 061 강낭콩채소조림 소양인
- 065 연두부탕 태음인, 소음인
- 068 잣죽 태음인
- 070 흑임자죽 태양인

Chapter 04
땅속 에너지 그대로, 뿌리채소와 열매

- 075 호박잡채 태음인
- 078 오이겉절이 소양인
- 082 연근조림 태음인
- 087 양파장아찌 소음인
- 090 감자채전 소음인
- 094 매실장아찌 태음인
- 077 가지구이 태양인, 소음인
- 080 토마토소스리조또 모든 체질, 태양인
- 085 우엉채볶음 소양인
- 089 고구마케이크 태음인
- 092 사과파이 소음인
- 096 파인애플소스샐러드 태양인

친환경생활수기공모전 수상작 | 이형미
- 098 마당 넓은 우리 집

Chapter 05
푸릇한 신선함, 잎줄기채소와 순채소

- 104 머위쌈밥 태음인
- 109 시금치샐러드 태양인, 소양인
- 112 아욱된장국 소양인
- 116 브로콜리유자피클 소음인
- 106 상추겉절이 태양인
- 110 숙주낫토무침 소양인
- 114 부추김치 소음인
- 119 죽순채나물 태음인

Chapter 06
채식 별미, 해조류와 버섯

- 123 표고버섯탕수 태음인
- 127 느타리버섯덮밥 소양인
- 130 다시마튀각 모든 체질, 태음인
- 125 새송이버섯산적 태음인
- 129 청포묵김가루무침 소음인

- 132 믿고 살 수 있는 친환경 매장
- 135 나에게 맞는 유기농 가게 찾기

Chapter 01

체질에 맞는 음식이 약이다

사람은 얼굴 생김이 다른 것처럼 각자 다른 체질을 타고난다.
타고난 체질에 따라 외모, 성격, 섭생, 생활습관 등이 다를 뿐만 아니라
장기의 강약 등 생리적 성질이 다르다.
자신의 체질을 모르고 체질에 맞지 않는 음식을 많이 먹으면 병이 생기고,
체질에 맞는 음식을 먹으면 보다 건강한 생활을 누릴 수 있다.

체질에 따른 라이프스타일

사상체질로 보면 사람은 크게 태음인, 소음인, 태양인, 소양인 등 네 가지 체질로 나뉜다. 각 체질별로 성격, 외모, 식습관 등이 다르며 궁합에 맞는 식품도 각기 따로 있다.

 태양인 머리와 어깨에 비해 배와 허리가 약해 보이고 눈매가 매서우며 두상이 크고 뒤통수가 튀어나온 사람이 많아 척 보기에 다가가기 힘든 타입이 많다. 반면에 IQ가 높아 똑똑하다는 말을 자주 듣는다.

성격 | 진취적이고 판단력이 우수하며 독단적인 성향이 강한 사람이 많다. 자기주장이 뚜렷하고, 본인의 의지대로 잘 되지 않을 때에는 남에게 화풀이를 하는 경향이 있다. 타인과 어울려 두루 잘 지내는 것보다 남 앞에 서는 것을 좋아한다.

건강관리 | 태양인은 간 기능이 약하고, 상체보다 하체가 약하기 때문에 다리가 저리거나 아픈 경우가 많다. 태양인은 작은 일에도 신경을 많이 써서 위가 뒤틀리고, 먹으면 바로 토하는 경우가 많아 소화 불량, 대장 질환, 피부병, 식도 경련 등의 질병에 걸리기 쉽다. 항상 마음이 안정된 상태를 유지하고 화나는 일이 있어도 화를 내지 않도록 마음을 다스리는 것이 중요하다. 매사를 긍정적으로 생각하고 감정의 기복을 없애도록 노력한다.

식습관 | 매운 음식을 싫어하며 싱겁고 담백한 음식을 좋아한다. 음식에 관심이 아주 많거나 전혀 없는 양면적인 특성을 지닌다. 태양인은 몸에 열이 많아 튀기거나 기름이 많은 음식은 삼가는 것이 좋으며 뜨거운 음식보다는 찬 음식을 먹는 것이 좋다.

음식 | 곡류 중에는 쌀, 보리, 검은콩, 호밀 등 찬 기운이 많은 것이 좋고, 채소류 중에는 배추, 양배추, 케일 등의 푸른 잎채소와 가지, 오이, 토마토 등 대부분의 열매채소가 좋다. 또한 과일이 태양인과 잘 맞는데 특히 배, 곶감, 포도, 귤, 오렌지, 복숭아, 딸기 등이 좋다. 해조류인 김, 다시마, 미역 또한 태양인에게 좋은 식품이다.

소양인 하체보다 상체가 발달한 사람이 많고 얼굴색이 하얗거나 붉은색에 가까운 누런색을 띤다. 얼굴만 보면 소음인으로도 보이고 약간 살이 찐 경우에는 태음인으로도 보인다. 소양인은 태음인에 비해 머리가 앞뒤로 발달하여 튀어나와 있다.

성격 | 사교성이 좋고 남을 돕기 좋아해서 봉사 활동에 관련된 일을 많이 하는 편이며, 앉아서 하는 일보다 밖에서 움직이며 일하는 것을 더 좋아한다. 판단력은 빠르지만 계획성은 부족하며, 끈기가 부족한 것이 특징이다. 의협심이 강해 자신의 몸을 날려 남을 구하기도 한다.

건강관리 | 비위에 열이 많고 신장의 기능이 좋지 않아 자주 토하거나 두통, 설사 등이 잦다. 신장염, 방광염 등의 질병에 걸릴 확률이 높다. 평소 변비에 걸릴 확률이 높고, 당뇨가 있는 남성은 조루 등의 질병에 걸리기 쉬우므로 조심한다. 마음을 느긋하게 해서 심신을 안정시키고, 술은 마시지 않는 것이 좋다. 샤워를 할 때는 찬물보다는 미지근한 물로 하는 것이 바람직하다.

식습관 | 평소에는 밥을 잘 먹지 않다가 갑자기 많은 양을 빨리 먹는데 선천적으로 소화 기능이 좋아서 크게 몸에 무리는 가지 않는다. 그러나 자칫 소화기 장애를 일으킬 수 있으므로 음식을 먹을 때는 천천히 먹도록 노력하는 것이 좋다. 한 가지 일에 집중하지 못하여 밥을 먹으면서도 계속 말을 하거나 주위를 둘러보는 등 다른 행동을 하는 경우가 많고 음식의 질이나 양에 그다지 집착하지 않는다.

음식 | 곡류 중에는 쌀, 녹두, 검은팥, 검은깨, 땅콩, 조 등이 좋고, 채소류 중에는 배추, 양배추, 시금치, 열무, 미나리, 셀러리, 신선초, 오이 등 찬 성질의 채소가 잘 맞다. 과일은 포도, 수박, 멜론, 바나나, 파인애플 등을 먹는 것이 좋다.

태음인 체형이 크고 근육과 골격이 발달했으며 지구력, 인내력, 집중력이 좋다.
키가 크고 뚱뚱한 사람이 많은데 키가 작고 마른 사람 중에도 태음인인 경우가 있다.

성격 │ 활동적이고 인품이 너그러운 편이며 끈기가 있어 묵묵히 맡은 바 일을 잘한다. 한편, 고집이 세고 속마음을 잘 얘기하지 않으며 여자의 경우 애교가 적은 경우가 많다. 사업가, 정치가 등이 태음인의 대표적인 직업군이다.

건강관리 │ 태음인은 체형은 건장하지만 추위를 많이 타는 편으로, 추우면 머리가 아프고 허리와 뼈가 쑤신다. 태음인이 잘 걸리는 질병은 급성 폐렴, 비염, 중이염, 변비, 맹장염, 고혈압, 중풍, 심장병, 천식 등이다. 태음인은 대체로 성품이 너그러운 편이지만 선천적으로 심장이 약해 겁이 많은 편이고 일이 잘 안 풀리면 조바심을 내므로 항상 마음을 차분히 가라앉히고, 즐겁고 명랑하게 생활하는 것이 중요하다.

식습관 │ 태음인은 음식을 먹을 때 폭식을 하는 경우가 많다. 음식의 양이 적으면 짜증을 잘 내고 음식을 먹은 후 바로 눕거나 운동을 하지 않아 살이 찐 경우가 많다. 태음인은 대체로 후각이 발달하여 향이 좋거나 먹음직스러운 냄새가 나는 것을 좋아한다.

음식 │ 태음인에게 좋은 음식은 통밀, 수수, 율무, 호박, 무, 버섯, 더덕, 토란, 죽순, 당근 등의 뿌리채소와 살구, 배, 수박, 밤, 잣, 은행 등 견과류 등이다. 반면 커피, 잎채소, 메밀, 포도, 키위 등의 식품은 되도록 피하는 것이 좋다. 태음인은 체질적으로 심장이 약해서 커피를 마시면 심장의 기능이 떨어져 좋지 않고, 찬 성질이 있는 메밀을 먹으면 몸이 냉해져서 좋지 않다.

소음인 상체에 비해 하체가 발달했고 살과 근육은 적지만 만져 보면 뼈가 굵은 경우가 많다. 대부분의 소음인은 키와 몸집이 작지만 가끔 키가 큰 사람도 소음인에 속하는 경우가 있다. 몸의 균형이 잘 잡혀 있어 여자 중에는 늘씬한 미인형이 많다.

성격 | 꼼꼼하면서 치밀한 편에 속한다. 내성적인 성격이 강하고 항상 계산적으로 행동한다. 질투가 심한 편이고, 화가 나면 쉽게 풀지 못하고 말을 하지 않아 상대를 힘들게 한다. 작은 일에 신경을 많이 쓰고 속상해 하는 편이다. 주로 교육자, 종교가, 학자 타입이 여기에 속한다.

건강관리 | 소음인은 위나 장이 선천적으로 좋지 않아 찬 음식을 먹으면 자주 설사를 하고, 평소 변비가 있는 경우가 많다. 급성 및 만성 위장병, 우울증, 수족냉증, 설사, 멀미, 오한증 등의 질병을 자주 앓기 때문에 항시 몸을 따뜻하게 하고 여름에도 얼음이나 찬물 대신 따뜻한 물을 먹는 것이 좋다.

식습관 | 소음인은 양보다는 질이다. 음식을 먹을 때 맛이 있는지 없는지를 중요하게 생각하고 많이 먹지 않는 소식가들이 많다. 소음인은 평소 음식을 먹을 때 꼭꼭 씹어 먹고 푸짐하지만 몇 가지 안 되는 반찬보다는 반찬 가짓수가 많은 것을 좋아한다.

음식 | 소음인에게는 쌀, 현미, 차조, 옥수수, 고구마, 연근, 미역, 김, 다시마, 후추, 고추, 생강, 레몬, 부추, 카레 등이 좋으며 과일 중에는 사과, 귤, 토마토 등이 좋다. 소음인은 몸을 냉하게 하는 보리, 팥, 밀가루, 메밀, 녹두 등은 먹지 않는 것이 좋으며 혹 먹더라도 적게 먹는 것이 좋다.

내 체질, 어떻게 알 수 있을까?

체질을 분류하는 방법은 무척 다양하다. 인터넷이나 각종 건강 서적을 보면 흔히 알려진 4체질뿐만 아니라 다양한 종류의 체질 분류법이 있는데 어떤 식으로 접근하느냐에 따라 섭생이나 생활습관 등에 대한 제안이 크게 달라진다. 그런데 인터넷이나 서적 등을 통해 얻은 자료만으로는 스스로의 체질을 판별하기란 사실상 불가능하다. 외모는 소음인 같은데 성격은 소양인 같거나 외모는 태음인 같은데 성격은 태양인 같은, 딱히 어떤 체질이라고 확신하기 어려운 경우가 대부분이다. 이런 경우에는 막연히 미루어 짐작하기보다는 전문적으로 체질을 진료하는 한의원에서 체질을 확인하는 것이 좋다.

체질을 확실하게 진단하기 위해서는 많은 방법들이 동원된다. 체형, 외모, 성정(性情, 성격), 병증(病症, 증상), 맥진, 침진(침을 놓은 후 반응을 확인하는 방법), 약진(약을 복용한 후 반응을 확인하는 방법) 등의 다양한 방법을 통해 체질을 확인할 수 있다. 하루 만에 체질을 확인할 수도 있지만 며칠씩 걸리는 경우도 많으며 처음에는 소음인이라고 생각되었으나 오랜 시간을 두고 보면서 소양인이나 태음인으로 판별되는 경우도 있다.

가벼운 질병을 다스리는 체질 식품

체질에 따라 질병이 생기는 원인도 달라진다.
질병이 나타나는 이유와 질병을 다스리는 데 효과가 있는 식품 등을 알아보자.

두통

두통은 주로 혈액이 원활하게 뇌로 공급되지 않아 산소가 부족해지면서 생기는데 몸속의 독, 스트레스, 혈압 등이 그 원인이다. 이런 두통은 한번 시작하면 그로 인한 스트레스가 너무 심해서 다른 일을 할 수 없을 정도로 괴로운 경우가 많은데, 주로 태음인에게 자주 나타난다. 두통에는 자기 전에 사과 주스를 만들어 마시면 효과가 있다. 또한 표고버섯을 끓여서 그 물을 마시거나 국을 끓여 먹으면 좋은데 사과 주스와 표고버섯은 주로 고혈압에 의한 두통에 좋다. 숙취에 의한 두통에는 해독 작용을 하는 미나리즙을 마시면 효과가 있다. 숙취에 의한 두통은 술을 많이 마셔서 몸에 쌓인 독이 뇌로 가는 혈액의 양을 줄여 발생하는 것이기 때문이다. 미나리는 특히 소양인의 숙취 해소에 좋은 식품이다. 몸이 차서 자주 감기에 걸리는 태음인과 소음인은 생강즙을 짜서 물에 탄 다음 차로 마시면 감기로 인한 두통에 효과가 있다.

배탈

배가 아픈 원인은 여러 가지다. 식중독일 수도 있고 체했을 수도 있고 감기 바이러스에 의해서도 배아픔이 올 수 있다. 또 여름에 찬 음식을 먹거나 평소 스트레스를 많이 받아도 배가 아플 수 있다. 이러한 배앓이를 예방하기 위해서는 잠을 잘 때 항상 배를 따뜻하게 하는 것이 중요하다. 배앓이에 좋은 식품은 장의 기능을 원활하게 해 주고 위에 부담을 주지 않는 것이어야 한다. 소음인은 장의 기능이 좋지 않아 자주 배앓이를 호소하는데 이럴 때 흰죽을 끓여서 먹으면 속이 따뜻해진다. 쑥을 살짝 데친 다음 말린 후 곱게 빻아서 쑥차를 끓여 마셔도 좋다. 음의 기운이 강한 태음인과 소음인은 식중독에 걸리기 쉬운데 식중독에 의한 배앓이에는 매실을 따뜻하게 해서 먹으면 좋다.

설사

설사는 변에 수분이 많아서 변을 묽게 보는 현상으로, 주로 소화 기능이 약하거나 음식을 잘못 섭취해서 생기는 경우가 많다. 과민성대장증후군을 앓는 사람들은 약간의 스트레스를 받거나 체질에 맞지 않는 식품을 먹는 것만으로도 쉬이 설사를 하기 때문에 항상 장을 따뜻하게 해 주어야 한다. 과민성대장증후군을 앓지 않는 사람도 설사를 할 수 있는데 설사의 원인은 세균성 설사, 식중독에 걸렸을 때, 자극성이 강한 음식을 먹었을 때, 섬유질이나 지방이 많은 음식을 먹었을 때, 본인의 체질에 맞지 않는 음식을 먹었을 때, 평소 먹지 않던 음식을 먹었을 때 등 다양하다. 소음인의 경우 몸이 차서 생긴 설사는 몸을 따뜻하게 해 주는 마늘을 꿀에 재워 꿀정과로 만들어 물에 타서 먹거나 끓여서 먹으면 효과가 있다. 마늘을 튀기거나 말려서 샐러드에 얹어 덕어도 좋다. 세균성 설사에는 부추로 즙이나 죽을 만들어 먹으면 도움이 된다. 태양인이 체질에 맞지 않는 식품을 먹어 설사를 한다면 감을 그냥 먹거나 감꼭지를 달인 물, 감죽, 감국 등을 끓여서 먹으면 좋다. 태음인의 설사에는 당근을 갈아서 주스로 마시는 것이 좋다. 당근에는 카로틴이라는 성분이 있는데 이것이 소장의 기능을 높여 수분의 흡수를 좋게 해 설사를 멎게 한다.

건망증

건망증은 지능이 저하되면서, 특히 갱년기 여성에게 잘 나타난다. 출산 후 기억력이 감퇴한 여성, 스트레스를 많이 받거나 충분한 수면을 취하지 못하는 사람, 지속적인 흡연이나 음주로 인해 뇌에 필요한 영양분이 공급되지 못하는 사람들에게 주로 나타난다. 건망증에는 호두, 잣 등의 견과류를 하루 일정량씩 먹으면 도움이 된다. 견과류의 불포화 지방산은 뇌신경세포의 60퍼센트를 차지하기 때문에 견과류를 자주 먹으면 뇌에 영양을 원활하게 공급할 수 있다. 또 두뇌에 영양을 공급하는 리놀렌산이 포함된 현미를 자주 먹는 것도 좋다. 이밖에 비타민B가 풍부하여 뇌의 신경을 안정시키고 신경 조직을 활성화하는 감자, 고구마, 파프리카, 뇌에 있는 노폐물을 제거해 주는 참깨, 옥수수기름, 올리브오일 등도 뇌에 좋은 식품이다.

피부질환과 아토피

피부질환의 원인은 외부적인 환경이나 몸 내부의 독성에 의한 경우가 많은데 야외 활동이 잦은 여름철에 피부에 이상이 많이 생긴다. 위나 장, 간이 좋지 않고 변비가 심한 사람들이 특히 피부질환에 많이 걸린다. 태음인의 피부질환에는 된장을 자주 먹으면 좋다. 된장의 단백질이 피부를 윤택하게 하고, 된장의 해독 성분이 체내 독성을 밖으로 배출해 주기 때문이다. 단, 된장을 먹을 때는 짜지 않게 먹는 것이 좋다. 연근, 양파를 이용해서 반찬이나 밥을 지어 먹어도 좋은데 이 식품들은 몸의 면역력을 높여 준다. 비타민C가 풍부한 유자차는 식후에 마시면 소화 기능을 높여 주어 소화 불량으로 생기는 피부 트러블에 좋다. 태양인의 피부질환에는 다시마가 좋다. 식이섬유와 미네랄이 풍부한 다시마는 신진대사를 원활하게 해 피부를 좋게 만든다. 오미자차는 태양인과 소양인 둘 다에게 좋은데 오미자의 다섯 가지 맛이 다섯 가지 내장의 기능을 개선시켜 피부질환에 많은 도움을 준다. 아토피 치료에는 혈액을 맑게 하는 음식을 먹는 것이 중요하다. 두유(태음인, 소양인), 감자(태음인), 현미(소음인), 쑥(소음인), 알로에(태양인, 소양인), 검은깨(소양인), 녹차(소양인) 등 본인에게 맞는 식품을 먹는 것이 좋다. 개인에 따라 각기 다른 식품에 아토피 증상이 나타나기 때문에 무조건 먹거나 먹지 않는 것보다는 어떤 음식이 자신에게 잘 맞는지 확인해 가면서 먹어야 한다.

탈모

요즘은 젊은 사람이나 여성에게도 많이 생기는 질환으로 공해, 스트레스, 두피질환, 염증, 두피 영양부족, 흡연, 음주 등 다양한 원인에 의해 나타난다. 간에 열이 많은 태음인은 간의 열이 머리로 올라가면서 탈모가 진행되는 경우가 많고, 위에 열이 많은 소양인은 위의 열이 머리로 올라가 탈모가 진행된다. 또한 소음인은 몸이 허해서, 태음인은 폐의 열에 의한 탈모가 대부분이다. 소음인은 검은콩을 먹으면 도움이 되는데 검은콩이 혈액순환을 잘 되게 하고, 두피에 있는 노폐물의 배출을 돕는다. 소양인은 검은깨를 먹으면 좋은데, 검은깨의 불포화 지방산이 두피에 영양을 공급해 머리가 희게 변하는 것을 막아 준다. 『본초강목』에서는 솔잎을 먹으면 모발이 자라고 오장이 편안해지므로 자주 먹는 것이 좋다고 했는데 이는 태음인, 소음인 등 음인의 탈모에 효과가 좋다. 비타민A가 많은 식품 중에서 소양인에게는 시금치, 태음인에게는 당근이 두피가 건조해지는 것을 막아 주고, 장을 튼튼하게 하며 혈액에 영양을 공급해 준다.

감기

감기는 원인을 정확히 알 수 없는 질병이다. 심한 온도 차나 바이러스 침투에 의해 기침, 두통, 몸살, 인후통, 콧물 등의 증상을 보이며 정확한 치료법 또한 없다. 태양인이나 소양인은 초기 감기에 배꿀탕을 마시면 효과가 좋다. 배는 기침을 멈추게 하고 가래를 삭이는 효과가 있다. 소음인은 무를 얇게 저민 다음 설탕에 재워 차로 마시면 좋은데 기관지, 기침에 좋다. 태음인은 기침과 가래가 오래 진행될 때 도라지를 끓여서 먹으면 좋다. 우엉은 모든 체질에 다 좋은데, 감기로 인한 두통이 있을 때 즙을 내서 물과 1:1로 섞어 먹으면 폐의 기능도 튼튼해지고 열도 내리는 효과가 있다. 태양인이 레몬, 유자와 같이 비타민C가 많은 식품을 먹으면 면역 기능과 병에 대한 저항력이 높아져 감기를 쉽게 이길 수 있다.

무거운 질병을 다스리는 체질 식품

음식이 약이라는 말이 있다. 어떤 음식을 누가 먹느냐에 따라 음식이 질병 예방 및 치료에 효과적인 경우가 있고 아무런 효과를 보지 못하는 경우도 있다. 먼저 질병의 원인을 파악하고 자신의 체질에 맞는 식품을 선택하여 꾸준히 먹는다면 음식만으로도 충분히 효과를 볼 수 있다.

고혈압

고혈압의 원인으로는 혈관에 이물질이 많이 끼어 혈액이 원활하게 흐르지 못하는 경우, 심장의 기능이 좋지 않거나 비만인 경우, 심한 스트레스로 인한 경우, 유전적인 영향 등 다양하다. 고혈압 환자는 짜게 먹지 않아야 하며, 기름진 음식도 삼가는 것이 좋다. 고혈압이 있는 태양인에게는 현미, 보리, 통밀 등 식이섬유가 풍부해 변비를 예방하고 체내 노폐물을 잘 배출시키는 식품이 좋다. 태음인에게 특히 좋은 식품은 완두콩인데, 완두콩을 즙으로 짜서 마시면 이뇨 작용을 하며 혈관 내 콜레스테롤을 없애 준다. 소음인에게는 비타민P가 많은 귤이나 비타민C가 많은 쑥갓이 좋다. 체질에 따라 양파(모든 체질), 무(태음인), 당근(태음인), 버섯(태음인), 단호박(소양인), 다시마(태양인, 태음인, 소양인), 미나리(소양인) 등의 식품을 맞춰 먹는 것이 좋다.

저혈압

저혈압은 몸이 많이 피곤하거나 몸에 이상이 생겼을 때, 혹은 빈혈 등의 원인으로 갑자기 생기는 경우가 많다. 저혈압의 증상으로는 몸의 피로, 가슴의 뻐근함, 어지럼증, 두통, 수족냉증, 헛구역질 등이 있다. 저혈압에는 영양을 골고루 갖춘 균형 있는 식사와 체력을 길러 주는 단백질이 풍부한 음식을 먹는 것이 중요하다. 태양인은 들깨로 차나 죽, 반찬을 해 먹는 것이 좋으며, 소음인이나 태음인은 인삼꿀차 등이 효과가 있다. 두부(태음인), 견과류(태음인), 콩(소양인)을 충분히 섭취하고, 비타민C가 풍부한 과일(태양인), 채소(소양인)와 탄수화물이 풍부한 감자(소음인), 곡류(각 체질에 맞도록) 등도 골고루 섭취한다. 단, 칼륨이 많은 식품은 삼가는 것이 좋다.

심장병

심장이 기능을 제대로 하지 못하는 것을 심장병이라고 하는데 그 원인은 다양하다. 혈관이 막혀 심장으로 원활하게 혈액이 공급되지 못하거나 선천적으로 심장의 기능이 약하거나 과도한 스트레스를 받거나 체내 콜레스테롤이 많은 경우 등이 그 원인이다. 폐에 열이 많은 소음인은 콩을 먹는 것이 좋다. 콩은 체내 콜레스테롤 수치를 낮추는 역할을 하는데, 그대로 먹는 것보다는 청국장을 만들어 먹으면 더욱 좋다. 채소로는 무(소음인), 배추(소양인), 양배추(소양인), 오이(태양인) 등을 먹으면 좋은데, 이들 식품은 이뇨 및 해독 작용이 있고 섬유질 또한 풍부하며, 신체의 기능을 조절하고, 콜레스테롤 수치를 낮춰 준다. 태음인은 참깨를 많이 먹어도 좋은데, 참깨에 함유된 풍부한 불포화 지방산이 혈관 내 콜레스테롤 침착을 방지해 준다.

신장병

신장은 체내의 독성을 걸러서 혈액을 맑고 깨끗하게 유지하는 기관이다. 신장에 염증이 생기거나 신장의 기능이 약해져 제대로 노폐물을 거르지 못하면, 몸이 붓고 어지럽거나 심장이 기능을 제대로 하지 못해 일상생활이 힘들어진다. 신장이 약하거나 신장병이 있다면 이뇨 작용을 돕는 식품을 먹거나 미리 예방할 수 있는 식품을 꾸준히 먹는 것이 좋다. 신장병 환자는 절대적으로 물을 많이 마시고 짜게 먹는 것을 피해야 한다. 대부분의 소양인은 비위 기능은 좋지만 신장 기능이 좋지 않아, 신장에 좋은 식품은 주로 소양인에게 좋은 식품이 많다. 옥수수(소양인), 보리(소양인), 수박(소양인), 녹두(소양인), 팥(소양인) 등이 특히 신장에 좋으며, 오이(태양인), 율무(태음인) 등 이뇨 작용이 좋은 식품은 체질에 맞게 선택해서 먹으면 좋다. 소음인이 대추를 먹으면 이뇨 작용으로 몸의 불필요한 수분이 배출된다. 태음인이 밤을 자주 먹으면 신장의 기능이 향상되는데, 밤을 쪄서 말린 다음 밥을 지을 때 함께 넣어 먹으면 좋다.

당뇨

당뇨는 췌장에서 인슐린을 제대로 만들어 내지 못해 혈당이 정상치보다 높아지거나 낮아지는 병이다. 당뇨가 지속되면 시력을 잃거나 신장이 기능을 제대로 하지 못하며, 혈관이나 신경 계통에 합병증을 유발한다. 태양인에게는 흰 쌀밥보다는 현미와 보리가 좋다. 태음인은 율무 등의 섬유질이 풍부한 식사를 하되 지방 섭취를 자제하고 단백질이 풍부한 식품을 먹는 것이 좋다. 소음인에게는 콩과 콩으로 만든 된장이 효과가 좋으므로 싱거운 된장에 두부 등의 재료를 넣어서 먹는다. 소양인은 배추를 샐러드처럼 조리해서 먹는 것도 좋고, 갈증이 심할 때는 배나 오미자차를 마시도록 한다. 태음인의 당뇨로 인한 갈증에는 칡즙이 좋다. 소음인은 시금치를 먹는 것이 좋은데, 시금치에 있는 비타민A가 당뇨 환자에게 좋기 때문이다.

간경화

간경화란 간이 딱딱하게 굳어지는 현상이다. 간에 지방이 끼기 시작하면 제 기능을 하지 못하는데, 간이 나빠질수록 혈액순환이 잘 되지 않아 혈색이 좋지 않고 쉽게 피로감을 느끼게 된다. 특히 간에 열이 많은 태양인은 표고버섯으로 나물을 만들어 먹거나 국에 넣어 먹으면 좋고, 간의 기능을 활성화시키고 비타민이 풍부한 양배추, 레몬 등을 먹으면 좋다. 소양인은 미나리로 나물을 만들어 먹거나 즙을 만들어 먹으면 간을 보호하고 간 질환을 예방할 수 있다.

위장병

위장병은 위벽에 염증이 생기고 딱딱해지는 것을 말한다. 규칙적인 식사를 하지 않고 술을 자주 마시거나 선천적으로 위의 기능이 약한 사람이 과식을 하는 경우 생길 수 있다. 위장병에 걸리면 위산의 분비가 잘 되지 않아 음식을 먹을 때마다 배가 아프거나 소화가 안 되어 배가 더부룩한 경우가 많다. 특히 소음인은 선천적으로 위가 약하므로 항상 속을 따뜻하게 해 주고 소화 기능을 높일 수 있는 식품을 먹는 것이 좋다. 무에는 디아스타아제라는 성분이 있어 소화가 되지 않을 때 먹으면 효과적이다. 마늘은 빈속에 날것으로 먹으면 좋지 않지만 익히거나 발효해서 먹으면 위장을 따뜻하게 하고 위의 기능을 좋게 한다. 우엉은 알칼리 식품으로 위벽을 보호해 주는데, 갈아서 즙으로 마실 수도 있고 채를 썰어서 볶아 먹거나 김치를 담가 먹을 수도 있다. 소양인은 위장병에 강한 반면, 태양인은 체질에 맞지 않고 매운 음식 등을 먹으면 위에 탈이 날 수 있는데 비타민U가 풍부한 양배추를 먹으면 약한 위의 기능이 원활해진다.

빈혈

빈혈은 뇌에 충분한 산소가 공급되지 않아서 생기는 현상이다. 빈혈에는 철분 부족 등 다양한 원인이 있는데, 원인을 정확히 아는 것이 중요하다. 태양인이나 소양인의 경우 검은콩이나 완두콩을 먹고, 시금치, 상추, 깻잎 등 짙은 녹색이 도는 채소가 철분이 많아 도움이 된다. 과일은 주로 포도를 먹는 것이 좋고, 해바라기씨, 호박씨 등의 견과류를 먹는 것도 좋다. 음의 기운이 강한 태음인이나 소음인은 현미가 들어간 밥을 먹는 것이 좋으며 채소는 파래, 김, 피망 등이 좋다. 몸의 진액을 보충해 주는 인삼, 구기자 등도 음의 체질인 사람이 빈혈일 때 먹으면 좋은 식품이다. 해조류 중 파래에는 비타민C와 철분이 고루 들어 있어 빈혈에 특히 좋다.

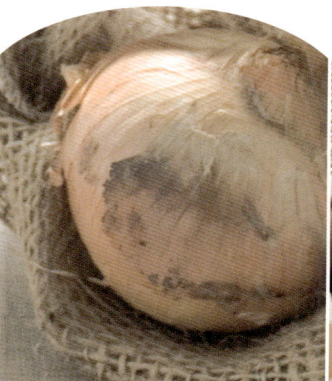

올바른 채식의 시작

채식이 건강에 좋다는 것은 잘 알려져 있지만 하루아침에 섭생을 바꾸기란 말처럼 쉽지 않다. 한 번에 변화를 주려고 하기보다는 한 단계 한 단계 천천히 단계를 밟아 가며 밥상을 바꾸어 보자. 채식을 처음 시작하는 사람은 어떻게 해야 하는지 알지 못하고 우왕좌왕하는 경우가 많다. 이럴 때는 초보 채식자를 위한 사이트나 주위의 도움을 받아 단계적으로 시작하는 것이 좋다. 채식을 한다고 무조건 채소만 먹기 시작하면 갑작스런 영양의 불균형으로 인해 오히려 건강에 해를 끼칠 수 있다. 적은 양으로 시작해서 차츰 양이나 횟수를 늘려 적응해 간다.

처음 가진 신념을 끝까지 가지고 가기

채식을 하다 보면 주위의 환경이나 주위 사람들에 의해 포기하고 싶어지는 시기가 온다. 이럴 때 가장 필요한 것이 채식에 대한 본인의 의지이다. 그러므로 처음 채식을 시작할 때, 채식을 시작하게 된 이유와 목적을 정확하게 인지하는 것이 중요하다. 남들이 한다고 해서 무조건 따라 하면 실패할 확률이 높기 때문에 일단 목표를 세우고 차츰 채식이 자연스럽게 생활에 녹아들게 해야 한다. 채식을 하게 된 계기가 종교, 건강, 병, 동물 보호 등 어떤 것이든, 처음에 목적을 명확히 하는 것이 중요하다.

채식에 대해 공부하기

채식의 종류와 본인이 먹고 있는 식품의 영양, 본인의 체질 등을 정확하게 이해하고 공부하는 것이 중요하다. 오링테스트 등을 통해 본인에게 가장 잘 맞는 식품을 확인하고 선택해서 먹는다. 직장 생활을 하거나 외식을 하는 경우에는 어떤 곳이 채식을 전문으로 하는 식당인지, 채식 전문 식당이라도 음식에 혹 다른 첨가물은 넣지 않는지 알아보고 각 지역의 채식 식당을 확보해 두어야 한다.

상호 작용을 통해 지속적으로 채식하기

무슨 일이든 혼자 하면 금방 싫증이 나고 힘들어 포기하는 경우가 많다. 이럴 때 같은 생각과 이상을 가진 사람과 이야기를 나누고 자신을 이해해 주는 사람을 만나서 격려를 받으면 도움이 된다. 정보를 공유하는 것 이상으로 끊임없는 교류를 통해 충고와 격려를 받는 것은 채식주의를 실천하는 데 가장 큰 힘이 된다.

계획을 세워서 채식하기

무작정 채식을 하겠다고 결정하고 실행하기보다는 구체적인 목표를 가지고 계획적으로 해야 한다. 먼저 하루의 목표를 세우고, 하루의 목표가 달성되면 다시 3일의 계획을 세우고, 3일의 목표가 달성되면 다시 일주일, 이주일, 한 달, 두 달……. 이렇게 끊임없이 새로운 계획과 목표를 세우다 보면 어느덧 채식이 자리를 잡게 되고 채식을 즐길 수 있게 된다.

무리하지 않기

한번에 무리한 계획을 세워 갑작스레 채식만을 고집하면 지속적으로 채식을 할 수 없다. 몸이 적응할 때까지 천천히 진행하되 마음을 조급하게 먹지 않아야 한다.

체질을 알아 보는 오링테스트(O-ring Test)

오링테스트는 자신에게 맞는 식품을 알아보는 테스트로 한방에서 주로 사용한다. 오링테스트를 하는 방법은 간단하다. 원하는 식품을 한 손에 잡고 다른 손의 엄지와 검지를 동그랗게 모아 붙인다. 이렇게 O자 모양으로 만든 손가락을 타인이 잡고 벌렸을 때 손가락이 잘 떨어지지 않는다면 체질에 맞는 식품이라 판단한다.

채식 적응 훈련법

채식을 하려고 마음먹었다면 철저하게 계획을 세워 진행해야 한다. 먼저 초기, 중기, 안정기로 단계를 나누고 서서히 진행한다. 제대로 된 준비 없이 실행한 식생활의 변화는 오히려 실패를 부르기 쉽다.

초기 채식, 시작을 알려라!

채식 초기에는 먼저 섭취하는 고기의 종류를 바꾸는 것부터 시작한다. 소고기에서 돼지고기, 돼지고기에서 닭고기, 닭고기에서 생선 등의 단계를 밟는데, 직장 생활을 하는 경우에는 주말 중 하루 한 끼 정도만 하다가 점차 횟수를 늘리고 채식의 종류도 점차 다양하게 바꿔 가면서 본인에게 맞는 식품을 찾는다. 동시에 다양한 조리법과 섭취법을 터득해 나가는 것도 중요하다. 주위 사람들에게 채식을 시작하게 되었음을 알리고 채식을 하게 된 동기 등을 알리는 것도 이 시기에 해야 할 중요한 일 중 하나이다.

중기 구체적인 식단을 짜라!

모든 생활을 채식에 알맞게 맞추고 그에 필요한 여러 가지 정보를 본인의 사이클에 맞게 바꾸는 단계이다. 가장 실천하기 쉬운 방법이 가장 좋은 방법이기 때문이다. 이 시기에는 스스로 식단을 구체적으로 짤 수 있어야 하는데, 각 식단은 곡류, 두부, 채소류 또는 과일류, 해조류, 견과류 등 여러 식품군이 골고루 모두 포함되도록 한다. 또한 식단을 짤 때는 식품에 따른 구매 요령과 요리법도 생각해야 한다. 한 끼에 너무 많은 요리를 하지 않아도 되도록 일품요리나 간단한 밥과 반찬으로 구성하는 것이 좋다. 이 시기에는 채식을 하는 사람들과 자주 모임을 가지면서 채식의 즐거움을 다시 인식하는 것도 도움이 된다.

안정기 채식의 일상생활화!

몸의 모든 기능이 채식에 적응하여 채식을 하는 것이 편안하고, 주위 사람들도 '채식을 실천하는 사람'이라는 것을 인지하고 있기 때문에 특별히 말하지 않아도 알아서 채식을 할 수 있는 곳으로 모임의 장소를 선택하는 등 그에 맞는 대우를 해 준다. 이 즈음에는 본인의 경험을 토대로 새로 채식을 시작하려는 사람들에게 정보를 제공하거나 채식에 적응하면서 실천하는 방법도 알려 줄 수 있다. 열매주의자, 과일주의자가 되거나 오로지 현미만 먹는 등의 채식도 시도해 볼 만한 시점이다.

채식주의의 종류

- **Semi-vegetarian(세미 베지테리언)**
  붉은 고기류는 먹지 않고 우유, 달걀, 생선, 닭고기 등 백색 육류는 먹는 채식인

- **Demi-vegetarian(데미 베지테리언)**
  육류는 먹지 않고 비정기적으로 생선을 먹는 채식인

- **Pesco(페스코)**
  육식은 금하고 우유와 유제품, 달걀, 생선은 먹는 채식인

- **Lacto-ovo vegetarian(락토 오보 베지테리언)**
  육식은 하지 않고 우유와 유제품, 달걀은 먹는 채식인

- **Lacto vegetarian(락토 베지테리언)**
  육류와 달걀 종류를 먹지 않고 우유, 유제품만 먹는 채식인

- **Vegan(비건)**
  동물성 단백질을 전혀 섭취하지 않는 채식인

- **Fruitarian(프루테리언)**
  열매주의자라고도 하며, 섭취량의 75%를 과일, 견과류, 산나물만 먹는 극단적인 채식주의자. 식물도 생명이 있다고 생각하여 식물에게 해를 끼치지 않는 열매와 씨앗만을 먹으며 식물의 줄기와 뿌리의 섭취를 거부한다.

- **Sproutarian(스프로테리언)**
  육류나 생선뿐만 아니라 채소, 과일 등도 전혀 먹지 않고 오직 씨앗, 쌀, 콩 등의 곡류만 먹는 채식인

- **Macrobiotic(마크로비오틱)**
  곡류는 현미 위주로 섭취하고 뿌리부터 열매까지 전체 채소를 즐기는 채식인

채식을 위한 식재료 선택 및 보관법

채식을 위해서는 일단 식재료가 싱싱하고 신선해야 한다.
채소류, 곡류, 과일류 등 채식을 위해 알아야 할 식재료 선택법과
보관법에 대하여 정리했다.

곡류 | 벌레가 없고 알이 고르면서 윤기가 나는 것으로 고르면 좋다. 곡류는 잘 밀봉하여 냉장 보관하거나 서늘하고 통풍이 잘되는 곳에 보관하다가 먹기 직전에 물에 불리거나 씻어서 사용한다. 되도록 국산으로 고르는 것이 좋다.

뿌리채소 | 뿌리채소는 마르지 않은 흙이 묻어 있고 단단하고 수분이 많고 크기가 일정한 것을 고른다. 뿌리채소는 종이에 싸서 물을 뿌린 다음 서늘한 곳에 보관하고 양이 많은 경우에는 냉장고에 보관한다. 연근이나 우엉처럼 갈변하기 쉬운 식품은 식초물에 담그고, 감자와 고구마는 물에 담갔다가 조리한다.

열매채소 | 알이 고르고 꼭지가 싱싱하며 표면에 윤이 나고 색이 진한 것이 좋다. 열매채소는 수확해서 바로 먹는 것이 좋지만 여의치 않을 때는 꽃이 달린 것을 구매한다. 열매는 종이에 싸서 물을 뿌리고 밀봉한 다음 냉장고에 보관한다.

과일 | 과일은 꼭 유기농으로 구입한다. 유기농으로 구입하지 못한 경우에는 식초를 푼 물에 5분 정도 담그거나 소금으로 문질러 겉에 묻은 약품과 벌레를 제거한 다음 먹는다.

두류 및 콩 제품 | 두부는 채식을 하는 사람에게 아주 중요한 단백질원이므로 꼼꼼하게 따져 골라야 한다. 콩은 유전자 변이 콩이 아닌 것으로 구매한다. 두부는 직접 만들지 않는 한, 제품에 사용된 콩이 어떤 것인지 확인하여 국산이면서 유기농 제품으로 구매하는 것이 좋으며 구매 후에는 오래 보관하지 말고 바로 먹는 것이 좋다. 완두콩(제철 6월)이나 강낭콩(제철 8월)은 제철에 난 것을 구입하여 냉동 보관하거나 말려서 보관한다.

잎채소, 줄기채소 | 줄기 끝이 시들지 않았고, 누렇게 뜬 부분이 없으며, 가시가 있는 채소라면 가시가 만져지는 것이 좋다. 줄기채소를 조리할 때는 겉껍질을 벗긴 다음 조리해야 부드럽게 먹을 수 있다. 종이에 싸서 물을 뿌린 다음 밀봉하여 보관하거나 물에 데친 다음 물과 함께 1회분씩 냉동 보관한다.

견과류 | 견과류는 대부분 조리하지 않고 그대로 먹기 때문에 출처를 정확히 아는 것이 중요하다. 되도록 유기농을 이용한다. 견과류에 많은 지방은 쉽게 산화되기 때문에 햇볕이 들지 않는 곳에 보관하고, 자주 먹지 않는 경우에는 냉동해서 보관하는 것이 좋다.

채식의 영양 균형 맞추기

채식의 가장 큰 문제점은 단백질이나 지방의 섭취가 부족하기 쉽다는 점이다. 그런 만큼 채식 식단을 짤 때는 각종 영양소의 고른 분배를 고려하여야 한다. 균형 잡힌 영양 공급을 위해서 반드시 알아 두어야 할 몇 가지 노하우를 소개한다.

곡류 | 우리 몸의 주요한 에너지원으로 채소나 과일에는 없는 탄수화물을 다량 함유하고 있다. 곡류의 비타민B군 및 D군은 체내 대사를 돕고, 소량이지만 양질의 단백질은 채식으로 부족해진 영양분을 채워 준다. 특히 밀은 우수한 단백질을 함유하고 있는데, 밀의 단백질을 추출하여 고기의 질감이 느껴지도록 가공해 먹기도 한다. 이런 밀고기를 섭취하면 고기에 대한 생각을 덜 수 있고 활용할 수 있는 조리법도 다양해 식탁이 풍성해진다.

견과류 | 견과류에는 식물성 지방이 풍부하고, 열량이 높아 생활에 필요한 에너지를 보충해 주므로 자신에게 맞는 견과류를 선택해 하루에 일정량씩 꾸준히 먹는 것이 좋다. 특히 갑작스러운 영양의 불균형으로 피부에 탄력이 없을 때 견과류를 많이 먹으면 효과를 볼 수 있다. 요리에 쓸 때는 껍질을 벗기는 것보다 껍질째 먹는 것이 더 좋다. 견과류 중에서도 땅콩은 날것으로 그냥 먹는 것이 섬유질이 더 풍부하여 좋다.

두부와 콩류 | 콩은 채식을 할 때 가장 중요한 단백질 공급원이다. 소화가 잘 되지 않아 많은 양을 먹기 힘들지만, 콩을 가공한 두부는 콩보다 소화가 잘되고 다양한 요리에 활용할 수 있다. 두부의 종류에는 순두부, 연두부, 유부 등이 있다. 콩의 단백질을 이용해서 콩고기를 만들기도 하는데, 고기의 질감을 즐길 수 있어 채식 초보자가 수월하게 채식을 하는 데 도움이 된다.

채소 | 채소의 뿌리에는 당질, 섬유질, 무기질이 많고, 줄기와 잎에는 비타민, 무기질, 섬유질이 많다. 열매는 대부분 수분으로 이루어져 있지만 양질의 비타민과 무기질 등도 함유하고 있다.

기름 | 식물성 지방은 불포화 지방산으로 우리 몸에 꼭 필요한 성분이다. 채식을 할 때 비타민B를 공급해 주고 지방에 녹는 비타민A의 흡수를 돕는다. 단, 칼로리가 높아 많이 먹으면 살이 찔 염려가 있으므로 주의하는 것이 좋다.

체질별 주말 채식 식단

건강을 위해 채식을 하고 싶지만 쉽지 않다면
굳이 채식주의자로 변신하지 않더라도 주말만큼은 외식을 삼가고
채식을 즐겨 보자. 체질별 주말 채식 식단을 제안한다.

		아침	점심	저녁
태양인	토요일	검은콩밥, 김치찌개, 가지무침, 우엉조림, 오이소박이, 미역자반	토마토소스파스타, 라즈베리통밀빵, 브로콜리피클, 오렌지	보리잡곡밥, 미역국, 취나물무침, 양배추말이찜, 상추겉절이
태양인	일요일	완두밥, 냉이국, 메밀배추전, 고구마볶음, 배추김치	베이비채소샐러드, 콩고기까스, 토마토주스, 채소수프	잡곡밥, 김치찌개, 채소잡채, 파래무침, 참외장아찌
소양인	토요일	팥밥, 데친 브로콜리와 초장, 깻잎찜 청국장찌개, 새송이볶음, 총각무김치	냉모밀, 겉절이, 단무지, 두부소스샐러드, 참외	송이버섯영양밥, 오이미나리샐러드, 삼색나물, 나박김치
소양인	일요일	모둠콩밥, 토란탕, 겉절이, 김자반, 메밀묵과 양념간장	시금치그라탕, 멜론쿨라타, 로메인오렌지샐러드, 빗트채소절임	검은팥밥, 가지냉국, 콩고기탕수, 숙주나물, 총각무김치
태음인	토요일	단호박죽, 나박김치, 연근조림	우엉김밥, 표고버섯다시마국, 새싹샐러드, 단무지	잡곡밥, 풋고추다시마조림, 밀고기불고기, 열무김치, 더덕생채
태음인	일요일	수수밥, 느타리버섯국, 머위들깨무침, 호두조림, 배추김치	채소비빔밥, 두부된장국, 배추김치, 깍두기	잡곡밥, 콩고기육개장, 감자부침, 해초무침, 총각무김치
소음인	토요일	오곡밥, 감자국, 달래무침, 호박카레볶음, 시금치무침, 김구이	비빔국수, 콩나물국, 우엉볶음, 고구마조림, 고추소박이	밀고기버섯덮밥, 부추연두부국, 배추김치, 양파간장장아찌
소음인	일요일	현미밥, 채소된장국, 애호박무침, 옥수수연근볶음, 곤약볶음, 겉절이	시금치수제비, 부추겉절이, 샐러리볶음, 콩조림, 배추김치	차조밥, 채식팔보채, 다시마튀각, 가지된장장아찌, 배추김치

채식을 풍부하게 만드는 양념

채식으로 음식을 준비하다 보면 조리법이 단출해지기 쉽다. 이때 천연조미료로 맛을 낸 양념이나 국물을 더하면 맛도 좋아지고 영양도 풍부해진다.

다시마 우린 물

된장찌개, 국 국물, 채소볶음 등에 사용

재료 다시마(5×5센티미터) 3장, 물 3컵

만들기 다시마는 겉에 묻은 흰 염분을 제거한 다음 물에 30분간 우렸다가 냄비에 넣고 불에 올려 끓인다. 거품이 나기 시작하면 불을 끄고 식을 때까지 우렸다가 체에 밭쳐서 사용한다. 반드시 냉장 보관해야 하며, 1회 먹을 양을 냉동해서 사용하기도 한다.

채소물

채소볶음, 버섯볶음, 된장국, 고추장국, 맑은국에 사용

재료 마늘 2톨, 생강 1/2쪽, 무(3센티미터) 1/2토막, 파뿌리 2개, 당근 1/4개, 물 8컵

만들기 냄비에 물과 씻은 채소를 넣고 센 불에서 끓이다가 국물이 1/2 정도로 줄어들면 약한 불에서 은근하게 채소의 즙이 다 나올 때까지 끓인 다음 체에 걸러서 사용한다.

표고버섯우린물

미역국, 채소국, 떡국, 조림 등에 사용

재료 표고버섯 3장, 물 4컵

만들기 표고버섯은 바짝 말린 다음 깨끗하게 씻어서 냄비에 물과 같이 넣고 끓인다. 물이 끓으면 불을 끄고 식힌 다음 체에 걸러서 사용한다. 남은 표고버섯은 다른 조리에 응용한다.

채소조림간장

콩조림, 두부조림, 버섯조림, 감자조림 등에 사용

재료 무(2센티미터) 1/2토막, 당근 1/5개, 양파 1/5개, 마늘 2톨, 생강 1쪽, 다시마(5×5센티미터) 2장, 물 4컵, 간장 2컵, 조청 1컵, 소금 1큰술, 유기농 설탕 1/2컵

만들기 냄비에 무, 당근, 양파, 마늘, 생강, 다시마, 물을 넣고 끓인다. 물이 끓으면 불을 줄여 채소물을 은근하게 끓이다가 국물의 양이 1/2 정도가 되면 채소를 건져내고 간장, 조청, 소금, 설탕을 넣어서 졸인다.

버섯맛간장

나물무침, 채소볶음, 채소조림 등에 사용

재료 표고버섯 3장, 불린 검은콩 1/4컵, 간장 2컵, 물 2컵

만들기 씻어 놓은 표고버섯을 불린 콩과 같이 냄비에 담아 끓인다. 여기에 간장을 넣고 은근하게 끓이다가 국물이 1/2 정도로 줄면 불을 끄고 식힌 다음 체에 걸러 병에 담아서 냉장 보관한다.

당귀맛간장

매운국, 탕 등에 주로 사용. 조림, 볶음 등에 다양하게 사용 가능

재료 당귀 3g, 양파 1/4개, 당근 1/4개, 간장 2컵, 물 3컵, 통후추 1큰술

만들기 냄비에 당귀, 양파, 당근, 물을 넣고 끓이다가 물이 끓으면 간장과 통후추를 넣고 국물의 양이 2컵 정도가 될 때까지 더 끓인다.

천연조미료

버섯가루
표고버섯, 새송이버섯, 느타리버섯 등을 바짝 말린 다음 곱게 갈아서 냉장고에 넣어 보관한다.

파래가루
파래를 깨끗하게 씻은 다음 물기를 제거하고 말린 후 믹서에 곱게 갈아 그대로 사용하거나 체에 걸러 사용한다.

김가루
달구어진 팬에 김을 파랗게 굽는다. 구운 김을 비닐에 넣어 부순 다음 믹서에 넣고 곱게 갈아 가루로 만든다.

볶은소금
굵은 소금을 물에 한 번 헹군 후 물기를 제거하고 말린 다음 팬에 볶아서 사용한다.

미역가루
마른 미역을 젖은 면포로 깨끗하게 닦고, 믹서나 분쇄기로 곱게 갈거나 절구에 빻은 다음 체에 내려서 보관한다.

허브솔트
볶은소금에 후추, 생강가루, 마늘가루, 파슬리가루 등을 섞어서 만드는데, 채소에 뿌리면 채소의 향을 살린다.

Chapter 02

알알이 영양 가득, 곡류

사람마다 성격이 다르듯이 채소, 과일, 곡류 등
모든 식재료도 저마다 효능과 영양이 다르다.
주린 배를 두둑이 채워 주고 몸에 힘이 솟게 하는 곡류도
체질에 맞게 즐겨 보자.

수수만두 태음인

수수는 맛이 달고 씹는 질감이 깔깔하면서 성질이 따뜻해 속을 따뜻하게 한다. 이런 성질 때문에 수수는 장 기능을 조절해 주고 설사를 멈추게 하는 효능이 있어 장이 약한 태음인에게 특히 좋은 식품이다. 또한 천식에도 효과가 있어 호흡기가 약한 태음인에게도 약이 된다.

1 방앗간에서 빻은 수수가루와 밀가루를 잘 섞은 다음 뜨거운 물과 소금을 넣고 익반죽해서 비닐에 담아 30분간 냉장한다.
2 1의 반죽을 잘 치대서 차지게 한 다음 직경 8센티미터 정도 크기로 밀어서 만두피를 준비한다.
3 표고버섯은 뜨거운 물에 담가 불려 꼭지를 제거하고 채를 썰어서 간장, 설탕, 들기름을 넣고 잘 버무린다.
4 애호박은 돌려 깎아서 채 썬 다음 소금 1/2작은술을 넣고 10분간 절인 후 물기를 제거한다. 두부는 면포에 짜서 물기를 제거하고 으깬다.
5 볼에 표고버섯, 두부, 애호박, 파, 마늘, 들깨가루, 들기름, 소금 1/3작은술을 넣고 잘 섞어 만두소를 만든다.
6 만두피에 5의 소를 넣고 반달 모양으로 접어 터지지 않도록 잘 여미고 김이 오른 찜통에서 10분 정도 찐다.

재료
표고버섯(작은 것) ······ 4장
간장 ······ 1작은술
유기농 설탕 ······ 1/3작은술
들기름 ······ 1/2큰술
애호박 ······ 1/4개
소금 ······ 적당량
두부 ······ 1/6모
다진 파 ······ 1큰술
다진 마늘 ······ 1작은술
들깨가루 ······ 1큰술

만두피반죽
수수가루 ······ 1/4컵
우리밀 통밀가루 ······ 3/4컵
뜨거운 물 ······ 3큰술
소금 ······ 1/4작은술

몸에 더 좋게 먹기
태음인은 뜨거운 것보다 한 김 나간 음식을 먹는 것이 좋으므로 만두를 찐 다음 한 김 식힌 상태에서 먹는다. 수수는 끈기가 없으므로 익반죽을 하고 많이 치댄다.

메밀묵밥 **태양인**

메밀은 성질이 차고 위와 장을 튼튼하게 하므로, 음식을 먹으면 속이 울렁거리거나 먹은 것을 잘 토하는 사람에게 좋다. 특히 몸에 열이 많고 위와 장이 좋지 않은 태양인에게 유익한 식품이다. 섬유질이 풍부해 변비를 해소해 주고, 이뇨 작용을 통해 몸 밖으로 노폐물을 내보내므로 혈액을 깨끗하게 하고 피부를 맑게 한다.

1. 메밀묵은 0.5센티미터 두께로 채 썬다. 메밀묵이 너무 딱딱하면 소금 1/2작은술을 넣은 끓는 물에 2분 정도 담갔다가 찬물에 담가서 식힌다.
2. 오이는 곱게 채 썰어서 준비하고, 김치는 소를 털어 낸 다음 1센티미터 폭으로 썰고 참기름을 넣어서 버무린다.
3. 다시마는 면포로 닦고 찬물에 30분간 우렸다가 냄비에 담아 거품이 날 때까지 가열한다.
4. 3의 다시마를 체에 걸러 낸 국물에 간장, 소금 1/2작은술을 넣어서 간을 맞춘다.
5. 그릇에 밥을 담고 그 위에 메밀묵, 김치, 오이를 올린 다음 4의 다시마장국을 넣고 김가루를 얹어서 낸다.

재료

메밀묵	150g
소금	적당량
오이	1/4개
김치	50g
참기름	1/3작은술
간장	1작은술
밥	1과 1/2공기
김가루	적당량

다시마 우린 물

다시마 5×5센티미터	2장
물	3컵

몸에 더 좋게 먹기

태양인은 맵고 짠 음식이 몸에 맞지 않으므로 간을 싱겁게 해서 먹는다. 메밀로 만든 냉면을 먹을 때는 비빔냉면보다는 물냉면을 먹는 것이 좋다. 혹 자신의 체질을 잘못 진단하여 메밀을 먹고 탈이 났을 때는 무를 강판에 갈아서 먹으면 낫는다.

재료

소금	적당량
쌀국수	140g
얼음	적당량
배추	3잎
무(2센티미터)	1/4토막
애호박	1/4개
식용유	적당량
미역	5g
참기름	1작은술
간장	1/2큰술
채소물	2와 1/2컵
얼음	적당량

1 물을 2/3 정도 채운 냄비에 소금 1/2작은술을 넣고, 물이 끓으면 쌀국수를 넣는다.
   물이 다시 끓으면 찬물 1/2컵을 붓고 쌀국수 면을 삶다가, 다시 끓어오르면 찬물 1/2컵을 더 붓고 끓인다.
2 삶은 쌀국수를 찬물에 3~4번 헹군 다음 얼음물에 담갔다가 물기를 제거한다.
3 배추와 무는 가늘게 채 썰어 소금 1/2작은술을 넣고 절인 다음 씻은 후 물기를 제거한다.
4 애호박은 돌려 깎아 채 썰고, 소금 1/2작은술을 넣어서 10분간 절인 다음 헹궈서 물기를 제거한다.
5 무, 배추, 애호박 순으로 각각 프라이팬에 식용유 1작은술을 두르고 볶아서 식힌다.
   미역은 물에 3분 정도 불려서 헹군 다음 0.5센티미터 크기로 썰고 참기름을 넣어서 살짝 볶아 놓는다.
6 채소물을 냄비에 담고 간장, 소금을 넣어 간을 맞춘 후 끓으면 불을 끈다.
7 그릇에 쌀국수를 담고 볶은 무, 배추, 애호박, 미역을 얹은 후 식힌 채소물을 붓고 얼음을 띄워서 낸다.

몸에 더 좋게 먹기

쌀국수는 모든 체질에 다 잘 맞는 음식이다. 다만 양의 기운이 강한 체질의 사람은 맵지 않고 담백하게 시원한 국물 요리로 먹는 것이 좋고, 몸이 냉하면서 음의 기운이 강한 체질의 사람은 고추장, 고추 등을 넣어서 맵고 따뜻하게 조리해 먹는 것이 좋다.

냉쌀국수 모든 체질, 태양인

쌀은 성질이 평이하고 맛이 담백해 오래 먹어도 질리지 않는다. 쌀에는 탄수화물과 양질의 단백질이 풍부하며, 대장에서 발효 과정을 거치면서 만들어 내는 낙산이 대장암의 발생을 억제한다. 쌀은 비만, 고혈압, 동맥경화증 등의 성인병을 예방하는데, 쌀만 먹는 것보다 다른 채소 등을 곁들여 먹으면 효능이 더 높다.

옥수수범벅 소음인

옥수수는 맛이 달고 성질이 약간 차다. 특히 옥수수수염에는 소변을 잘 보게 하고, 부종을 가라앉히며, 얼굴로 치밀어 오르는 열기를 내려 주는 효능이 있다. 옥수수는 어떤 체질의 사람이 먹어도 무난한데, 변비가 있는 사람이 먹으면 특히 좋다. 단, 태음인과 소음인 중 자주 설사를 하거나 장이 좋지 않은 사람이 장복하는 것은 좋지 않다.

1 말린 옥수수는 물에 30분 정도 불려 절구나 믹서로 거칠게 빻은 후 냄비에 분량의 물과 같이 넣고 끓인다.
2 고구마는 깨끗하게 씻은 다음 2센티미터 크기로 잘라서 찬물에 담가 전분기를 제거한다. 단호박은 씨와 껍질을 제거하고 2의 고구마와 같은 크기로 썰어서 준비한다.
3 1의 옥수수가 거의 다 익으면 2의 고구마와 단호박을 넣고 황설탕과 소금으로 간을 맞춘다. 고구마, 단호박이 익으면 불을 끈다.

재료
말린 옥수수 ····· 1/2컵
물 ····· 7컵
고구마(중간 크기) ····· 1개
단호박 ····· 1/8개
황설탕 ····· 1큰술
소금 ····· 조금

몸에 더 좋게 먹기
체질에 따라 쌀가루나 찹쌀가루 등의 재료를 섞어 만들면 더욱 좋다. 소음인은 따뜻한 죽으로 먹고, 태양인이나 소양인처럼 열이 많이 나는 사람은 죽을 차갑게 식혀 먹거나 찬 음료를 곁들여 먹는다.

재료

녹두	1/2컵
쌀	2큰술
물	1/2컵
새송이버섯	1/2개
양배추	한 잎
미나리	10줄기
우리밀 통밀가루	3큰술
소금	1/2작은술
식용유	적당량

1 녹두와 쌀은 씻어서 헹군 다음 2시간 정도 불린다.
  불린 녹두와 쌀을 치대면서 껍질을 벗긴 후 물에 여러 번 헹군다.
2 불린 녹두와 쌀, 물을 믹서에 넣고 곱게 간다.
3 새송이버섯, 양배추는 2센티미터 길이로 채 썰고, 미나리도 같은 길이로 썰어서 준비한다.
4 볼에 2의 녹두와 3의 채소, 밀가루, 소금을 넣고 잘 섞는다.
5 팬에 기름을 두르고 직경 5센티미터 정도로 노릇하게 부친다.

몸에 더 좋게 먹기

녹두는 알이 잘고 껍질이 진녹색을 띠며 윤기가 있는 것이 좋다. 살 때는 되도록 국산으로 구입한다. 소양인이라도 저혈압이나 냉증이 있는 경우에는 녹두를 먹으면 오히려 원기가 떨어질 수 있으므로 자제하는 것이 좋다. 소화기가 약한 경우나 복용하는 약이 있을 때도 먹지 않는다.

녹두부침 **소양인**

녹두는 성질이 차고 해독 작용이 있으며 열을 내려 준다. 소양인은 몸에 열이 많아 소변이 원활하지 못하고 더운 여름에는 피부질환에 걸릴 확률이 높은데, 이럴 때 녹두를 먹으면 효과가 있다. 또한 위에 열이 많아 구취가 심할 때 먹어도 좋다.

율무밥 태음인

율무는 한의학에서는 의이인이라고도 하는데 맛이 달고 성질이 차며 독이 없다. 율무 삶은 물을 자주 마시면 각종 간 질환과 황달이 치유되고, 신진대사가 원활해져 피로 해소, 자양 강장에 도움이 된다. 또한 율무는 각종 영양소가 풍부하여 체력을 증진시키고 머리를 좋게 한다. 몸에 습한 기운이 많아 뚱뚱해지기 쉬운 태음인에게 알맞다.

1 쌀과 율무는 깨끗하게 씻은 다음 여름에는 30분, 겨울에는 1시간 정도 물에 불린다.
2 1의 불린 쌀과 율무를 체에 밭쳐 물기를 제거하고 냄비에 물과 함께 넣은 후 센 불에서 끓이다가 끓기 시작하면 불을 약하게 줄인다.
3 2의 냄비에서 김이 거의 나지 않으면 20초간 센 불에서 가열한 후 불을 끈다.
4 10분간 뜸을 들인 다음 그릇에 담아낸다.

재료
쌀 ············· 1컵
율무 ············· 1/4컵
물 ············· 1과 1/2컵

몸에 더 좋게 먹기

변비가 심한 사람이라면 율무의 복용을 자제하고, 몸에 열이 많아 갈증이 심하거나 두통, 불면증이 있을 때도 먹지 않는 것이 좋다. 율무밥은 쌀과 율무를 3:1 내지 4:1의 비율로 섞어 밥을 짓는다.

보리밥 소양인

보리는 성질이 차고 해독·해열·이뇨·소염 작용이 있어 방광염과 부종에 좋다. 보리는 핏속의 열기와 독기를 풀고 피를 맑게 해 주어 소양인에게 좋다. 소양인은 위의 기능이 약해 피부트러블이 심하고, 다리가 잘 부으며, 손발이 많이 저린데 보리를 이용한 음식을 섭취하면 효과가 있다.

1 쌀과 보리는 깨끗하게 씻은 다음 여름에는 30분, 겨울에는 1시간 정도 물에 불린다.
2 1의 불린 쌀과 보리를 체에 밭쳐 물기를 제거하고 냄비에 물과 함께 넣은 후 센 불에서 끓이다가 끓기 시작하면 불을 약하게 줄인다.
3 2의 냄비에서 김이 거의 나지 않으면 20초간 센 불에서 가열한 후 불을 끈다.
4 10분간 뜸을 들인 다음 그릇에 담아낸다.

재료
쌀 ·························· 1컵
보리 ························ 1/4컵
물 ····················· 1과 1/2컵

몸에 더 좋게 먹기

처음부터 보리를 많이 넣어 밥을 하면 입안이 껄끄러워서 잘 먹지 않게 되므로, 처음에는 조금만 넣어 짓다가 점차 보리의 양을 늘려 가도록 한다. 보릿가루를 넣어 미숫가루를 만들어 먹을 때는 꿀을 넣지 않는 것이 좋다. 보리의 찬 기운과 꿀의 따뜻한 기운이 부딪힐 수 있기 때문이다. 특히 몸이 냉하거나 설사를 잘하는 사람은 찬 기운을 가진 보리는 피하는 것이 좋다.

현미밥 **태음인, 소음인**

현미는 비타민B군과 식물성 기름이 풍부하여 장 운동을 돕고 유해 물질의 장내 흡수를 막는다. 또한 자율 신경을 조절해 주고, 혈액의 흐름을 원활하게 하여 신경 조직과 근육을 정상으로 유지시켜 준다. 현미는 급성 폐렴, 두드러기, 알레르기, 간장 질환, 장티푸스 등에 걸릴 확률이 높은 태음인에게 도움을 주는 식품이다.

1 쌀은 깨끗하게 씻은 다음 여름에는 30분, 겨울에는 1시간 정도 물에 불리고, 현미는 씻어서 2시간 정도 불린다.
2 1의 불린 쌀과 현미를 체에 밭쳐 물기를 제거하고 다음 냄비에 분량의 다시마 우린 물과 함께 넣은 후 센 불에서 끓이다가 끓기 시작하면 불을 약하게 줄인다.
3 2의 냄비에서 김이 거의 나지 않으면 센 불에서 20초간 더 가열하고 불을 끈다.
4 10분간 뜸을 들인 다음 그릇에 담아낸다.

재료
- 쌀 ······················· 1컵
- 현미 ····················· 1/4컵
- 다시마 우린 물 ······· 1과 1/2컵

몸에 더 좋게 먹기
속이 좋지 않거나 소화가 잘 되지 않을 때, 현미를 볶아 끓인 현미죽을 먹으면 속이 편안해진다. 특히 현미는 다시마와 궁합이 잘 맞아서 다시마 우린 물로 조리하거나 다시마 반찬과 함께 먹으면 좋다. 현미는 겉껍질이 딱딱하므로 2시간 이상 충분히 불린 다음 조리하는 것이 좋다.

찹쌀주먹밥 소음인

찹쌀은 그 성질이 따뜻하고 맛이 달다. 찹쌀의 따뜻한 성질은 소화기가 약하고 몸이 찬 소음인에게 잘 맞는다. 소음인은 비장의 기능이 약해 찬 음식을 먹으면 자주 배탈이 나며 위의 기능이 좋지 않아 자주 복통을 호소하는데, 찹쌀을 먹으면 속이 편해지고 탈이 나지 않는다.

1. 찹쌀은 깨끗하게 씻어 2시간 정도 푹 불린다. 불린 찹쌀은 소금 1/2작은술을 녹인 물에 넣었다가 체에 밭쳐 김이 오르는 찜통에서 50분간 푹 찐다.
2. 껍질을 벗겨 곱게 다진 연근을 참기름 1작은술을 두른 팬에 볶고 소금 1/3작은술로 간을 한다.
3. 1의 찐 찹쌀에 2의 볶은 연근과 참기름 1/2큰술, 깨소금, 김가루를 넣고 잘 섞은 후 먹기 좋은 크기로 뭉친다.

재료

찹쌀	2컵
소금	적당량
다진 연근	1/2컵
참기름	적당량
깨소금	1큰술
김가루	적당량

몸에 더 좋게 먹기

찹쌀을 찌거나 찹쌀로 밥을 할 때 소금을 조금 넣으면 찹쌀의 맛이 더욱 살아난다. 찹쌀은 찰기가 많기 때문에 냄비를 이용해 찹쌀밥을 할 때에는 멥쌀로 밥을 할 때처럼 물을 넣으면 밥이 덩어리가 져 먹기 어려우므로 멥쌀밥보다 물을 적게 잡아야 한다. 몸을 보하기 위해 찹쌀을 먹을 때는 다시마처럼 분말로 먹어야 효과가 더 좋다.

LOHAS story | 농사짓는 촬영감독 장성백

레디, 액션!
각본 없는 드라마가 시작되다
촬영감독 장성백의 잘 먹고 잘 살기

"글쎄, 한 100인쯤 안에 들려나?"

장성백 씨는 멋쩍게 말했지만, 실제로 그는 우리나라에서 꽤 이름난 촬영감독이다. 김기덕 감독의 「빈집」과 「활」 등의 촬영을 맡았고, 촬영미학 분야에서 세계적인 권위를 가지고 있는 카메라미지 영화제에 초청을 받기도 했다. 중앙대학교 사진학과를 졸업하고 한국예술종합학교에서 촬영을 전공한, 영락없이 사진쟁이인 이 남자를 경기도 남양주의 한 텃밭에서 만났다.

전국귀농운동본부의 텃밭보급소에 소속된 이곳 사능리 텃밭에서는 전체 2,400평 정도의 규모에 60여 명이 각기 5평 이상의 텃밭을 맡아 각종 채소는 물론 쌀과 콩, 밀 등을 함께 재배하고 있다. 장성백 씨도 올봄부터 이곳에서 주말을 고스란히 투자하고 있다.

"제가 우리 집 주부입니다. 아침에 아이들 밥 해 먹여 학교 보내고, 아내도 출근하고 나면 집안 정리하고, 먹을거리도 장만해야 하고 이것저것 할 일이 많아요. 아내는 보험회사 매니저인데 나름 그 분야에서 인정도 받고, 또 본인 스스로 일에 대한 욕심도 크죠. 집에 들어오면 한밤중일 때가 많으니 주말에는 좀 쉬어 줘야죠. 그러다 보니 자연스레 살림을 도맡게 되었네요."

집에서 직접 살림을 살다 보니 자연스레 먹을거리에도 좀 더 많은 관심이 가고, 그러한 관심이 작물을 직접 재배하는 데까지 이르게 되어 이제는 카메라보다 흙을 매만지는 일이 더 많아지게 됐다.

"저는 영화판을 떠난 게 아닙니다. 다른 분야도 마찬가지겠지만 계속된 경기 침체 때문에 한 해에 제작되는 영화가 2, 3년 전보다 4분의 1로 줄었어요. 영화는 좋지만 그렇게 대폭 작아진 영화 시장 안에서 일을 맡기 위해서는 촬영 외에 해야 할 것들이 많죠. 일종의 영업이라고 해야 하나. 그런 게 천성에 맞지 않아요. 그런데 밭에서는 원치 않는 일을 무리해서 하는 법이 없어요. 또, 영화를 예술이라고 하지만 농사야말로 진짜 예술이거든요. 무언가를 창조해 내는 것만큼 소중한 것은 없죠."

여럿이 함께하니 더 쉽고, 즐겁다

장성백 씨가 영화판을 좋아하는 이유 중의 하나가 여럿이 함께하는 팀 작업이기 때문이라는 것인데, 이곳 텃밭에서도 그의 '협동정신'이 빛이 났다. 개인이 분양받은 텃밭 외에 15명 정도가 함께 1,400평의 밭에서 무, 콩, 밭벼, 밀, 양파 등을 함께 기르고 있는데, 대규모 영농처럼 농기계를 쓰는 것이 아니기 때문에 사람 손이 많이 필요한 작업이 많아 보였다. 땅 주인이자 이곳 텃밭에서 함께 농사짓고 있는 안익준 씨가 며칠 전 전라도에서 직접 가져온 양파 모종을 남자 셋이 쪼그리고 앉아 심기 시작하니 그 넓던 빈 들녘이 금세 양파 밭이 되었다.

이곳 텃밭 농부들 사이에서 장성백 씨는 뛰어난 음식 솜씨로도 유명하다. 아무래도 예술가이다 보니 감각은 좀 있겠거니 싶었는데 주변 사람들의 호응도, 본인의 음식 예찬도 예사롭지가 않다.

"고기, 생선, 가공식품을 뺀, 집에서 필요한 부식거리는 모두 이 밭에서 다 나옵니다. 집사람이 좋아하는 토마토도 거뒀고, 큰애가 좋아하는 참외, 수박, 작은애가 좋아하는 고구마, 땅콩도 심었더랬죠. 이렇게 심어 가꾸면 그대로 가족들이 좋아하는 간식과 반찬이 뚝딱뚝딱 나옵니다. 그 외 파김치, 열무김치, 배추김치도 제가 직접 담그고, 이곳 텃밭 사람들과 함께 된장, 간장, 고추장도 담가서 아예 장독을 여기 두고 먹습니다. 우리 집이 여기서 10분 정도 떨어져 있는데 다른 어떤 먹을거리보다 신선하고, 안전하고, 맛있는 식재료를 공급하는 셈이니까 무얼 만들어 먹어도 맛있을 수밖에요. 또 복잡하게 원산지 확인할 일도 없고, 친환경 인증을 따질 필요도 없지요."

직접 지어 본 자만이 맛보는 그 맛!

장성백 씨의 똑 소리 나는 살림솜씨는 그 맛뿐만 아니라 생태적으로도 익히 소문이 날 정도인데 지난여름에는 공중파 방송국에서 취재해 갈 정도였다. 일단 아이들도 직간접적으로 텃밭 농사를 함께 체험하기 때문에 어떤 음식이든 거부감이 없다고 한다. 자연스레 끼니마다 밥그릇을 싹싹 비우는 습관도 생겼다고. 또 작은 아이는 잠자리채 하나 들려서 밭에 풀어 놓으면 온종일 신나게 뛰노는데 그래서인지 더 자연친화적인 생활습관을 가지게 된 것 같다고 한다. 또한, 음식을 할 때는 음식물 쓰레기를 남기지 않도록 신경을 쓰고 있는데 감자를 깨끗이 씻은 후 벗겨 낸 감자 껍질은 따로 튀겨서 감자칩을 만들고, 국물을 내고 남은 다시마도 따로 맛깔나게 양념을 해서 반찬을 만들 정도다.

오전 농사를 대충 마치고 몇몇이 둘러앉아 점심상을 펼쳤다. 이날 아침, 총각무밭 사이사이에 웃자라 있던 아욱을 뜯어 그 자리에서 된장국을 끓이고, 갓 뽑아 올린 무로 만든 무채나물에 올해 수확했던 통밀을 넣어 지은 밥을 조금씩 나눴다. 그야말로 소박한 밥상이었지만, 한입 한입 약밥이라 생각될 정도로 귀하게 여겨지는 참 맛나는 밥이었다.

"가을 아욱은 문 잠가 놓고 혼자 먹는다고 했어요. 아주 달아요. 많이 드세요."

"그냥 사다 먹을 때는 몰랐어요. 그냥 유기농이 좋은 줄만 알았지. 그런데 직접 지어 보니까 누런 떡잎도 다 아깝다니깐."

"무는 뿌리도 뿌리지만, 무청이 진짜지. 고걸 삶아다가 볕 따뜻하고 바람 선들선들한 데 말려 놔 봐. 겨우내 올매나 귀한데 고것이……."

"장 감독, 막걸리 좀 해 줘. 집에서 하지 말고 여기 와서 만드는 것도 보여 주고!"

밥상에서 오가는 대회는 흔하디흔한 먹고 사는 얘기들이었지만, 남다른 기운이 느껴졌다. 그 안에는 계절과 함께 맞춰 살아가는 한 해 살림살이가 고스란히 담겨 있었고, 온전한 생명을 받들어 모시는 철학이 자리 잡고 있었다. 이날 장성백 씨는 이곳에서 다른 사람들이 보는 앞에서 막걸리를 만들겠다고 '공표'했다. 그가 막걸리를 만드는 날, 이 동네 밭에는 또다시 떠들썩한 잔치가 벌어지겠다 싶다.

이 글은 「살림이야기」 07호에서 만날 수 있습니다. 「살림이야기」는 사람과 사람, 사람과 자연이 조화로운 생명세상을 꿈꾸며 봄·여름·가을·겨울마다 내는 생활문화지(www.salimstory.net)입니다.

Chapter 03

단백질 보급원, 두류와 견과류

채식에 대한 가장 큰 오해는 우리 몸에 필요한 지방과 단백질을
채식만으로는 충분히 채울 수 없다는 편견이다.
땅에서 나는 고단백 영양식, 콩류와 견과류만 있다면
지방과 단백질은 물론 풍부한 필수영양소까지 골고루 챙길 수 있다.
이제 두뇌 활동을 원활하게 하고 우리 몸의 에너지원이 되는
두류와 견과류를 체질에 맞게 선택하여 섭취해 보자.

호두간장조림 **태음인**

호두는 만성 기관지염, 천식처럼 기침이 심하고 가래가 많은 증상에 먹으면 좋다. 또한 혈청 알부민을 증가시키고, 콜레스테롤의 체내 합성 및 그 산화와 배설에 일정한 영향을 미쳐 콜레스테롤을 조절해 주기도 한다. 호두는 태음인에게 좋은데, 특히 중·노년층의 태음인이 자주 먹으면 보양 효과가 있어 건강에 이롭다.

1 냄비에 호두와 물과 소금을 넣고 가열하다 끓으면 물을 버리고 호두를 헹군다.
2 1의 호두를 다시 냄비에 담아 2컵 분량의 물을 넣고 가열한다. 물이 끓으면 생들깨와 간장을 넣고 국물이 자작해질 때까지 졸인다.
3 호두에 조청을 넣고 한 번 더 끓인 다음 불을 끄고 들기름을 넣어 마무리한다.

재료
호두 ·············· 1컵
물 ················ 2컵
소금 ············ 1/3작은술
생들깨 ············ 2큰술
간장 ············ 1/2큰술
조청 ·············· 1큰술
들기름 ············ 1작은술

몸에 더 좋게 먹기

호두는 불포화 지방산을 많이 함유하고 있어서 해가 잘 드는 곳에 두면 산화되기 쉬우므로 그늘이나 냉동고에 보관한다. 냉동고에 오랫동안 보관할 때는 공기에 노출되지 않도록 잘 밀봉해야 한다. 조리해서 호두를 먹을 때는 속껍질까지 같이 먹는 것이 좋은데, 쓴맛 때문에 꺼려진다면 소금을 넣어 삶은 다음 조리하면 된다.

밤조림 태음인

밤은 몸을 따뜻하게 하고 소화 기능을 강화시키며 신장의 기능을 높인다. 특히 만성 허약증으로 기침을 자주 하는 사람에게 아주 좋으므로, 선천적으로 폐 기능이 약한 태음인에게 유용하다.

재료

밤	12개
소금	조금
물	2컵
유기농 설탕	1작은술
꿀	1/2큰술

1 밤은 씻어서 물기를 제거하고 속껍질까지 잘 벗긴 다음 끓는 물에 소금 1/3작은술과 함께 넣어서 한 번 데친다.
2 소금 1/2작은술을 넣고 끓인 물에 데친 밤과 설탕을 넣고 국물이 자작해 질 때까지 졸인다.
3 2에 꿀을 넣고 윤기가 나도록 조린 다음 불을 끈다.

몸에 더 좋게 먹기

껍질을 깐 밤은 물에 담가야 갈변을 방지할 수 있다. 밤조림에 꿀을 넣을 때는 밤이 거의 다 익을 때까지 기다렸다가 넣는다. 꿀을 미리 넣으면 밤이 딱딱해지는 데다가 밤이 익을 때쯤 꿀을 넣어야 꿀 냄새가 많이 나고 밤에 윤기가 돌며 속까지 부드럽게 익는다.

재료

표고버섯(중간 크기) ········ 4개
새송이버섯(중간 크기) ······ 2개
생들깨 ···················· 1/2컵
물 ························· 1컵
채소물 ················· 1과 1/2컵
소금 ····················· 적당량

1. 표고버섯은 밑동을 제거한 다음 갓의 속을 아래로 하고 손바닥에 탁탁 털어 이물질을 제거한 후 채 썬다.
2. 새송이버섯은 밑동을 제거한 다음 표고버섯과 같은 크기로 썬다.
3. 생들깨는 씻어서 물기를 제거하고 분량의 물과 같이 믹서에 넣어 곱게 갈아 체에 거른다.
4. 냄비에 버섯을 담고 채소물을 넣어 끓인다. 채소물이 끓으면 소금으로 간하고 3의 생들깨 간 물을 넣어 한 번 더 끓인다.

몸에 더 좋게 먹기

들깨는 불포화 지방산을 많이 함유하고 있어 몸에 좋다. 들깨를 씻어서 그늘에 잘 말린 다음 통풍이 잘되는 그릇에 담아 그늘진 곳에 보관하면서 생각날 때마다 조금씩 씹어 먹으면 약 걱정이 없을 정도다. 들깨에 함유된 불포화 지방산은 빛에 의해 쉽게 산화되기 때문에 들깨를 보관할 때는 반드시 냉장고나 해가 들지 않고 서늘한 곳에 보관해야 한다.

버섯들깨탕 **태음인**

『동의보감』에 이르기를 들깨는 성질이 따뜻하고 독이 없으며 기를 내려 준다고 한다. 또한 『방약합편』에는 들깨가 갈증과 해수(기침)를 없애고, 몸속의 독소를 빼내어 혈액을 깨끗하게 한다고 전한다. 들깨는 특히 태음인의 병후 회복식으로 좋다.

강낭콩채소조림 **소양인**

강낭콩은 원기를 보하고 자양 강장에 효과가 있어 밥맛이 없을 때 먹으면 식욕을 돋운다. 여름이 제철인 강낭콩은 여름철 부족해지기 쉬운 단백질을 보충해 주는 고마운 식재료다. 죽이나 밥 등 다양한 음식에 활용할 수 있어 더욱 좋다.

1. 강낭콩은 깨끗하게 씻은 다음 물에 하룻밤 불린다.
2. 당근은 1센티미터 크기로 썰어서 준비하고, 우엉도 같은 크기로 썰어 식초물에 담가 둔다.
3. 2의 우엉과 당근은 식용유를 두른 팬에 볶고 나서 소금 1/2작은술을 넣은 끓는 물에 살짝 데친다.
4. 냄비에 분량의 물과 함께 강낭콩을 넣고 물이 1컵 정도 남을 때까지 끓인다. 여기에 당근, 우엉, 간장, 조청, 소금 1/3작은술을 넣고 국물이 자작해지도록 졸인다.

재료

불린 강낭콩	1/2컵
당근	1/5개
우엉(10센티미터)	1토막
식용유	1작은술
소금	조금
물	3컵
간장	1큰술
조청	1큰술

식초물

물	1컵
식초	1작은술

🥄 몸에 더 좋게 먹기

강낭콩은 조리 전에 반드시 잘 익혀 먹어야 한다. 강낭콩에 들어 있는 청산 배당체가 분해되면 독성이 있는 청산이 생성되기 때문이다. 강낭콩샐러드 등 찬 음식으로 먹을 때도 강낭콩은 반드시 익혀서 조리한다.

죽순깨소스무침 소양인

『동의보감』에 참깨는 오랫동안 계속 먹으면 몸이 가벼워지고 늙지 않으며 굶어도 배가 고프지 않고 수명이 연장된다고 했다. 참깨는 간장을 보호하고 오장을 윤택하게 하며 배변이 잘 되도록 도와주는 식품으로, 아픈 후 허약해져 있을 때나 진액이 부족할 때 먹으면 효과가 좋다.

재료
죽순 ·················· 1과 1/2개
소금 ·················· 조금

참깨소스
참깨 ·················· 1/4컵
다시마 우린 물 ········ 1/4컵
참기름 ················ 1/2큰술

1. 죽순은 4센티미터 크기로 얇게 저며 썰어 소금 1/2작은술을 넣은 끓는 물에 데치고 찬물에 헹군다.
2. 믹서에 참깨, 다시마 우린 물, 참기름을 넣고 곱게 갈아 참깨소스를 만든다.
3. 1의 죽순에 소금 1/3작은술로 밑간을 하고 참깨소스를 뿌려 버무린다.

몸에 더 좋게 먹기

소음인이나 태음인 중에서도 특히 비장이 허약해서 설사 기운이 있는 사람은 죽순을 먹지 않는 것이 좋다. 캔에 담긴 죽순을 사용할 경우, 반드시 건강에 해로운 하얀 석회질 부분을 제거한다. 또한 참깨소스는 미리 만들어 놓으면 산화되기 때문에 먹기 직전에 만드는 것이 좋다.

연두부탕 **태음인, 소음인**

콩은 비장을 튼튼하게 하고 기를 돋우며 독성을 몸 밖으로 배출하는 기능이 있다. 또한 몸에 종기가 있을 때 섭취하면 통증이 멎기도 한다. 특히, 관상동맥경화증이나 암 등에 효과가 좋고 영양 신경 계통의 질병에도 도움을 주는 식품이므로 이런 질병이 잘 나타나는 태음인이 먹으면 좋다.

재료
미역 …………………… 5g
물 ……………………… 3컵
미나리 ………………… 3줄기
간장 …………………… 1작은술
소금 …………………… 조금
연두부 ………………… 1팩

1 미역은 물에 헹구고 물기를 제거한 후 냄비에 분량의 물과 함께 넣고 가열하다가 물이 끓으면 바로 불을 끄고 건진다.
2 1의 미역을 송송 썬다. 미나리도 씻은 다음 미역과 같은 크기로 썬다.
3 1의 미역 우린 물을 체에 거른 후 냄비에 담고, 간장과 소금으로 간을 맞춘다. 여기에 연두부를 한 수저씩 떠서 넣은 뒤, 국물이 끓으면 불을 끈다.
4 끓인 연두부를 그릇에 담고 2의 미역과 미나리를 얹어서 낸다.

몸에 더 좋게 먹기
콩은 그냥 먹어도 좋지만 두부를 만들어 먹으면 소화가 더 잘되고 여러 가지 조리법을 응용해 다양한 요리를 만들어 먹을 수 있다. 연두부는 너무 많이 끓이지 않는 것이 좋으므로 먹기 직전에 넣어 조리하고, 그냥 먹을 경우에는 끓는 물에 살짝 데쳐 먹는다.

검은콩비지찌개 **태양인**

검은콩은 간이나 신장의 열과 몸의 독성을 빼내 간의 부담을 줄여 준다. 선천적으로 간이 약하고 열이 많아 간 질환에 걸릴 확률이 높은 태양인에게 특히 알맞은 식품이다. 검은콩은 단백질, 지질, 비타민 B_1, B_2가 많이 들어 있는 영양이 풍부한 식품으로, 태양인의 보양식이라 할 수 있다.

재료

불린 검은콩	1/2컵
물	2컵
배추	3잎
국간장	1큰술
콩고기	20g
참기름	1작은술
볶은 소금	적당량

1 검은콩은 깨끗하게 씻어 하룻밤 물에 불렸다가 믹서에 물 1컵과 함께 넣고 곱게 간다.
2 배추는 끓는 물에 살짝 데친 다음 1센티미터 폭으로 잘라 국간장 1/2큰술을 넣고 간한다.
3 콩고기는 물에 불린 다음 배추와 같은 크기로 썰어서 국간장 1/2큰술과 참기름을 넣어 간한다.
4 냄비에 배추와 콩고기를 넣고 볶다가 물 1컵을 넣고 가열한다. 내용물이 끓으면 갈아 놓은 검은콩을 넣고 바닥에 눋지 않도록 약한 불에서 15분간 끓이다 소금으로 간을 맞춘다.

몸에 더 좋게 먹기

태양인은 매운 음식을 피하고 찬 음식을 먹는 것이 좋으므로 찌개 등을 끓일 때도 매운 고춧가루를 넣지 않고 조리한다. 겨울에도 뜨겁게 먹기보다 차게 먹는 것이 좋다. 검은콩과 검은깨로 미숫가루를 만들어 두었다가 요리할 때 양념으로 이용하는 것도 좋다.

잣죽 태음인

잣은 식물성 지방이 풍부해서 통변이 잘 되지 않는 사람에게 효과적인 식품이다. 잣을 하루 한 큰술 정도 꾸준히 먹으면 잣 속에 들어 있는 감마리놀렌산이 비만을 예방해 주므로, 살이 찌기 쉬운 태음인에게 좋다. 또한 잣에 있는 불포화 지방산은 혈압을 낮추는 효능이 있어 고혈압에 걸릴 확률이 높은 태음인에게 잘 맞는다.

재료
잣 ·················· 1/2컵
물 ·················· 3컵
쌀가루 ·················· 1컵

1 잣은 고깔을 제거하고 면포로 닦아 먼지를 제거한 후 믹서에 물 1컵과 같이 넣어서 곱게 간다.
2 쌀가루는 물 2컵에 풀어서 센 불로 가열하다가 끓기 시작하면 불을 줄이고 바닥에 눋지 않도록 저어 가며 충분히 퍼질 때까지 끓인다.
3 2의 쌀죽에 1의 잣물을 넣고 충분히 잘 퍼지도록 끓인다.

몸에 더 좋게 먹기

잣은 고깔을 제거한 다음 먼지를 잘 닦고 사용한다. 잣을 가루로 만들 때는 도마 위에 종이를 깔고 갈아야 잣이 덩어리지지 않고 보슬보슬하게 된다. 설사를 할 때는 잣을 먹지 않는 것이 좋다.

은행죽 태음인

은행은 기관지에 좋으며, 천식에도 효과가 있는 식품이다. 더불어 콜레스테롤이 혈관 벽에 붙지 않게 해서 동맥경화를 방지하기도 한다. 폐 기능이 좋지 않고 고혈압 증상을 보일 가능성이 높은 태음인이 지속적으로 은행을 먹으면 이런 질병을 예방할 수 있다.

재료
- 불린 쌀 ········· 2/3컵
- 들기름 ········· 1/2큰술
- 물 ············· 5컵
- 은행 ············ 1/4컵
- 식용유 ········· 1/2작은술

1 불린 쌀은 1/2 크기가 되도록 절구에 빻은 다음 냄비에 들기름을 두르고 투명해지도록 볶는다.
2 1의 쌀에 물을 넣고 센 불에서 끓이다가 끓기 시작하면 약한 불에서 쌀알이 푹 퍼지도록 끓인다.
3 은행은 팬에 기름을 두르고 짙은 초록색을 띨 때까지 볶아 껍질을 벗기고 잘게 다진다.
4 2의 쌀알이 거의 퍼져 죽의 농도가 날 때쯤 볶은 은행을 넣고 더 끓인다.

🥄 몸에 더 좋게 먹기
은행에는 독성이 있어 반드시 볶거나 삶아서 먹어야 한다. 보통 어른은 열 알 정도, 아이는 세 알 정도만 먹는 것이 적당하다. 은행죽을 만들 때는 은행을 미리 넣어 오래 끓이기보다는 먹기 직전에 조리해서 넣는 것이 좋다.

흑임자죽 **태양인**

흑임자라고도 부르는 검은깨는 혈중 콜레스테롤을 낮추고, 레시틴과 필수 지방산이 풍부해 두뇌 활동을 돕는다. 또한 머리카락의 주성분인 케라틴을 다량 함유해 탈모 예방에 효과적이며 칼슘, 섬유질, 비타민E 등이 풍부하여 피부 노화, 변비 예방에도 좋다. 검은깨는 성질이 차서 태양인에게 잘 맞는다.

1 검은깨는 겉에 붙은 먼지를 닦고 믹서에 곱게 갈아서 준비한다.
2 찹쌀가루는 물과 함께 가열하다가 끓기 시작하면 불을 줄이고 눋지 않도록 저어 가면서 끓인다.
3 2의 찹쌀죽에 1의 검은깨가루를 넣고 쌀가루가 충분히 퍼질 때까지 잘 저어 가면서 끓인다.

재료
검은깨 ··············· 1/3컵
찹쌀가루 ············· 1컵
물 ··················· 3컵

몸에 더 좋게 먹기
검은깨를 믹서에 너무 많이 넣어서 갈면 기름이 많이 생겨 덩어리가 지므로 한 번에 반컵 정도만 넣어서 간다. 검은깨는 햇빛에 두면 산화가 빨리 진행되니 되도록 해가 들지 않는 곳에 둔다.

완두콩죽 모든 체질, 소양인

완두콩은 성질이 평하고 영양이 풍부하며, 기의 흐름을 원활하게 한다. 완두콩은 모든 체질에 고루 잘 어울리는 식품이므로 체질에 따라 먹기 좋게 조리해서 먹는다. 다만, 완두콩 안에는 소량의 청산이 함유되어 있으므로 하루 40g 이상 먹지 않도록 해야 한다.

1. 완두콩은 껍질을 벗겨서 삶고 믹서에 물 1컵과 같이 넣어 곱게 간다.
2. 불린 쌀에 물 4컵을 넣고 센 불로 가열하다가 끓기 시작하면 불을 줄이고 쌀알이 충분히 퍼지도록 끓인다.
3. 쌀알이 거의 퍼지면 1의 완두콩물을 넣고 눋지 않도록 저어 가면서 더 끓이다가 불을 끈다.

몸에 더 좋게 먹기

완두콩을 넣어 밥이나 죽을 할 때는 조리 과정 마지막에 넣는 것이 좋다. 완두콩을 너무 오래 가열하면 색도 변하고 비타민도 많이 파괴되기 때문이다. 음의 성질이 있는 사람은 찹쌀과 같이 넣어 죽을 쑤어 먹되 먹을 때는 따뜻하게 데워 먹는다.

재료
완두콩 ·················· 1/2컵
물 ························ 5컵
불린 쌀 ···················· 1컵

Chapter 04

땅속 에너지 그대로, 뿌리채소와 열매

땅속 깊이 영양분을 끌어 올려 잎과 줄기에 공급하는 뿌리와
식물의 모든 기운이 한 군데로 응집된 열매는
다양한 비타민과 무기질은 물론 항암 성분까지 함유하고 있어
건강을 증진시키고 체질까지 개선해 준다.

재료

애호박	1/2개
소금	적당량
느타리버섯	10개
참기름	1/2큰술
식용유	1과 1/2작은술
당면	70g
간장	2큰술
유기농 설탕	1큰술
깨소금	1큰술

1 애호박은 돌려 깎아 채 썬 후 소금 1작은술을 넣고 살짝 절인 다음 씻어서 물기를 제거한다.
2 느타리버섯은 큰 것은 4등분, 작은 것은 2등분해서 끓는 물에 데친 다음
   물기를 제거하고 소금 1/3작은술, 참기름 1/2작은술로 밑간을 한다.
3 팬에 기름 1작은술씩 두르고 애호박, 느타리버섯 순으로 볶아서 식힌다.
4 당면은 물에 30분간 불리고 끓는 물에 데쳐서 헹군 후 간장, 설탕으로 밑간한다.
   팬에 기름 1/2작은술을 두르고 밑간한 당면을 넣어 국물이 거의 없어지도록 볶아서 식힌다.
5 볼에 당면을 10센티미터 정도 길이로 잘라 넣고, 볶은 애호박과 느타리버섯을 넣은 다음
   소금, 깨소금으로 간을 하고 참기름 1작은술을 넣어 완성한다.

몸에 더 좋게 먹기

호박의 종류에는 아직 익지 않은 호박의 어린 열매인 애호박, 노랗게 잘 익은 늙은 호박, 주황색이 나는 화초호박이 있는데 감기 예방에 효과가 있는 화초호박은 약호박이라고도 한다. 당질이 많은 단호박은 비장의 기능을 돕고 식욕을 증진시키는 효과가 있다.

호박잡채 **태음인**

『동의보감』에 호박은 맛이 달고 독이 없으며 오장을 편하게 하고 산후 혈진통을 낫게 하며 눈을 밝게 한다고 하였다. 특히 호박은 중풍을 예방하는 식품으로 알려져 있는데, 이런 이유로 특히 중풍이 오기 쉬운 태음인에게 맞는 식품이다. 호박은 해독 작용도 하고 기침에도 효과가 있어 간과 폐가 좋지 않은 태음인의 보양식품으로도 좋다.

가지구이 **태양인, 소양인**

가지는 성질이 차고 열을 내리며 혈액순환을 돕는다. 특히 열이 많은 체질인 태양인이나 소양인의 열을 내리고 통증이 있는 경우 통증을 가시게 한다. 소양인은 구토, 토혈과 함께 신장병, 방광염, 요도염 등 염증성 질병이 자주 생길 수 있는 체질인데 이럴 때 가지를 먹으면 염증이 쉽게 가라앉는다.

재료
가지 ··················· 1개
포도씨오일 ··········· 1큰술

된장소스
된장 ··················· 1큰술
조청 ··················· 1작은술
채소물 ················· 2큰술

1 가지는 깨끗하게 씻고 0.5센티미터 두께로 썰어서 팬에 포도씨오일을 두른 다음 굽는다.
2 볼에 된장, 조청, 채소물을 넣고 잘 섞어 된장소스를 만든다.
3 2의 된장소스를 구운 가지에 바르고 팬이나 석쇠에 살짝 구워 접시에 담아낸다.

몸에 더 좋게 먹기
가지는 짙은 보랏빛이 돌고 겉면이 고르며 윤이 많이 나고 살이 통통하며 곧은 것으로 고른다. 꼭지에 가시가 있는 것이 싱싱한 가지이다. 가지는 냉한 식품이기 때문에 소음인은 많이 먹지 않는 것이 좋다.

오이겉절이 소양인

성질이 찬 오이는 열이 많은 체질에 맞는 식품이다. 오이는 이뇨 작용을 하고, 미백 효과가 있으며, 칼륨이 풍부해 체내에 있는 나트륨을 몸 밖으로 배출하는 성질이 있다. 또한 오이에 있는 카로틴 성분은 체내 활성 산소의 독을 중화하는 항암 작용을 한다. 오이는 갈증 해소에도 도움을 주기 때문에 특히 소양인에게 좋다.

1 오이는 4센티미터 길이에 0.3센티미터 두께로 썰어서 준비한다.
2 양배추도 같은 길이에 1센티미터 폭으로 썰어서 준비한다.
3 볼에 고춧가루, 소금, 깨소금, 다진 파, 다진 마늘, 참기름을 넣고 오이와 양배추를 함께 버무려 완성한다.

재료
오이	1개
양배추	한 잎
고춧가루	1/2작은술
소금	2/3작은술
깨소금	1/2큰술
다진 파	1큰술
다진 마늘	1/2큰술
참기름	1작은술

몸에 더 좋게 먹기
오이에는 비타민C를 파괴하는 아스코르비나아제라는 효소가 있기 때문에 다른 채소와 같이 조리할 때는 조리 전에 오이를 식초에 버무린 다음 조리한다. 다른 채소와 같이 넣어 주스를 만들 때는 레몬즙을 조금 넣으면 비타민C가 파괴되지 않는다.

토마토소스리조또 **모든 체질, 태양인**

토마토는 성질이 차지만 모든 체질에 잘 어울리는 식품이다. 토마토에는 리코펜이라는 성분이 있어 암의 주성분인 활성 산소를 억제하고, 식이 섬유가 풍부해서 변비에 좋으며, 비타민, 칼륨, 칼슘 등이 풍부해서 체내 수분을 조절해 갈증을 해소해 준다. 또한, 칼로리가 낮고 지방 대사를 촉진하여 다이어트에 효과적이다.

재료

- 방울토마토 ······················ 8개
- 말린 토마토 ······················ 5개
- 올리브오일 ······················ 2큰술
- 양파 ······························ 1/4개
- 불린 쌀 ··························· 1컵
- 다시마 우린 물 ··················· 4컵
- 소금 ······························ 적당량
- 후추 ····························· 1/3작은술

1. 방울토마토는 빨갛게 잘 익은 것으로 골라 십자로 칼집을 낸 후 끓는 물에 데쳐 껍질과 씨를 제거하고 1센티미터 폭으로 자른다.
2. 말린 토마토는 물에 10분 정도 불린 다음 0.5센티미터 크기로 썰고, 양파도 같은 크기로 썰어서 준비한다.
3. 냄비에 올리브오일을 두르고 양파를 넣어 볶다가 불린 쌀을 넣고 더 볶는다. 쌀이 투명해지면 다시마 우린 물을 붓고 끓인다.
4. 쌀이 절반 정도 익었을 때 말린 토마토를 넣고, 쌀이 거의 다 익으면 1의 토마토를 넣어 소금, 후추로 간하고 불을 끈다.

몸에 더 좋게 먹기

토마토는 껍질과 씨를 제거해야 신맛이 덜하다. 토마토에 있는 리코펜은 기름과 함께 조리하면 그 효과가 더 높아지므로 볶아서 사용한다.

연근조림 **태음인**

연근은 연꽃의 뿌리로 비타민C가 풍부하고, 지혈 효과가 있어 코피를 많이 흘릴 때 먹으면 좋다. 연근을 자르면 끈적이면서 실 같은 것이 나오는데 이것은 뮤신이라는 성분으로, 단백질의 소화를 촉진하고 위벽을 보호한다. 연근은 열과 혈압을 내리고 몸을 따뜻하게 만들기 때문에 특히 이런 질병에 노출되기 쉬운 태음인에게 잘 어울리는 식품이다.

재료
연근 ······················· 1개
식초 ······················· 1큰술
끓는 물 ··················· 4컵
간장 ······················· 6큰술
유기농 설탕 ············ 2큰술
물 ·························· 6컵
조청 ······················· 5큰술
통깨 ······················· 1큰술

1 2 3

1 연근은 껍질을 벗기고 0.4센티미터 정도 두께로 썰어서 식초를 넣은 끓는 물에 데친다.
2 삶은 연근에 간장, 설탕, 물 6컵을 넣고 국물이 2/3 정도로 줄어들 때까지 끓인다.
3 2에 윤기가 나도록 조청을 넣고 조리다가 불을 끄고 통깨를 뿌려 완성한다.

몸에 더 좋게 먹기

연근은 잘라 놓으면 갈변하기 쉽기 때문에 자르자마자 그 단면에 식초를 발라 놓든가 식초를 떨어뜨린 물에 담가 갈변을 방지한다. 조리할 때도 끓는 물에 식초를 넣은 다음 연근을 살짝 데쳐 사용한다.

우엉채볶음 소양인

한방에서 우엉은 피를 맑게 하고, 열을 내리며, 인후병과 가래 및 기침을 치료하고, 모든 종기와 독을 제거한다고 하였다. 우엉에는 식이 섬유가 풍부하고, 알기닌 성분이 있어 호르몬 분비를 촉진하며 뇌를 튼튼하게 한다. 철분과 소염 및 통증 완화에 효과가 있는 탄닌도 많이 들어 있다. 열이 많은 소양인이 우엉을 먹으면 특히 좋다.

재료
- 우엉 ······················· 1개
- 당근 ······················· 1/6개
- 양파 ······················· 1/2개
- 식초 ······················· 2큰술
- 식용유 ····················· 1큰술
- 소금 ······················· 적당량
- 참기름 ····················· 1작은술
- 깨소금 ····················· 1/2큰술

1. 우엉은 채 썰어 물에 담가 놓는다. 당근, 양파는 껍질을 벗기고 우엉과 같은 크기로 채 썰어 준비한다.
2. 우엉은 식초를 넣은 끓는 물에 데친 다음 찬물에 식힌다.
3. 팬에 기름을 두르고 우엉을 볶다가 소금으로 간한다. 여기에 채 썬 양파와 당근을 넣고 더 볶다가 다 익으면 참기름과 깨소금으로 마무리한다.

몸에 더 좋게 먹기
우엉은 껍질에 흙이 묻어 있되, 쭈글쭈글하지 않고 탱탱한 것으로 고른다.
우엉은 자른 다음 공기에 노출되면 갈색으로 변해서 맛이 없어지기 때문에 물에 꼭 담가야 한다.
우엉조림을 할 때는 한 번 볶은 다음 헹구면 떫고 아린 맛이 덜하고 훨씬 부드러워진다.

재료

양파(작은 것)	2개
붉은 고추	1개
풋고추	1개
소금	1큰술
간장	5큰술
식초	2큰술
유기농 설탕	1큰술
물	2컵

1 양파는 껍질을 벗겨 4등분한 다음 소금을 넣고 2시간 정도 절이고 고추는 1센티미터 폭으로 썰어서 준비한다.
2 냄비에 간장, 식초, 설탕, 물을 넣고 끓인 후 식힌다.
3 절인 양파를 우러난 물과 함께 밀폐용기에 담고 2의 간장물과 고추를 함께 넣어 냉장 보관한다.
4 하루 정도 지나면 간장물만 따라서 다시 끓인다.
5 4의 끓인 간장물이 식으면 양파에 다시 부어 놓았다가 이 과정을 한 번 더 반복한 다음 냉장 보관하여 사흘 후에 먹는다.

🍴 몸에 더 좋게 먹기

양파는 볶거나 끓이면 휘발성인 유화알릴이 파괴되므로 익히지 않고 먹어야 좋다. 그냥 먹으면 냄새가 나지만 간장, 식초를 넣은 물에 절여 먹으면 냄새도 나지 않고 양파의 효능도 그대로 유지된다. 만든 양파장아찌는 냉장 보관한다.

양파장아찌 소음인

양파는 다양한 효능이 있는 식품으로 맛은 달면서 맵다. 양파의 매운맛은 지방의 축적과 혈액의 용혈을 막는다. 양파는 혈압을 낮추는 효과가 있어 고혈압이 있는 사람에게 좋다. 또한 몸을 따뜻하게 하고 신경을 안정시키는 효과가 있어 예민하면서 장이 좋지 않은 소음인에게 좋은 식품이다.

고구마케이크 태음인

고구마는 섬유질이 풍부해 변비에 좋고, 칼륨 성분이 많아 체내 염분을 배출하여 혈압을 낮춘다. 고구마에 풍부한 비타민E는 노화를 방지하고 항산화 작용을 하며 몸을 알칼리화해서 건강하게 만든다. 고구마는 태음인이 걸릴 확률이 높은 고혈압과 함께 변비까지 예방해 준다.

재료
- 고구마(큰 것) ······ 1개
- 두유 ······ 2큰술
- 조청 ······ 1/2큰술
- 유기농 설탕 ······ 1큰술
- 카스텔라 ······ 1/2개

1. 고구마는 껍질을 벗기고 2센티미터 크기로 잘라서 찬물에 담가 전분을 제거한다.
2. 김이 오른 찜통에 1의 고구마를 넣고 30분간 푹 찐 다음 으깬다.
3. 으깬 고구마에 두유, 조청, 설탕을 넣고 잘 섞은 다음 랩이나 비닐을 깔아 놓은 둥근 틀에 담아 냉장고에 2시간 정도 넣어 둔다.
4. 틀에서 고구마를 분리한 후 그 위에 카스텔라 가루를 체로 쳐 뿌린다.

몸에 더 좋게 먹기

고구마는 배 부르게 먹어도 살이 잘 찌지 않는 대표적인 다이어트 식품이다.
고구마를 사과와 같이 먹으면 아마이드 성분과 장내 균의 활성화로 가스가 발생하여 속이 좋지 않게 되는데, 이럴 때 김치를 같이 먹으면 이런 현상을 예방할 수 있다.

감자채전 소음인

『동의보감』에 감자는 충치를 예방하고 해충이나 기생충 따위를 없애는 구충 작용이 있으며 술독을 푸는 해독 작용이 있다고 나와 있다. 알칼리 식품으로 비타민C가 풍부한 감자는 피로 해소에도 좋다. 감자를 먹으면 열이 나기 때문에 몸이 차면서 체력이 약한 소음인과 잘 어울린다.

재료
감자(중간 크기) ·············· 1개
풋고추 ····················· 1개
붉은 고추 ··················· 1개
우리밀 통밀가루 ············· 5큰술
소금 ··················· 1/2작은술
물 ······················ 5큰술
식용유 ···················· 적당량

1 감자는 껍질을 벗기고 곱게 채 썰어서 찬물에 담가 전분을 제거한다.
2 고추는 길게 반으로 갈라서 씨를 제거하고 감자와 같은 크기로 채 썬다.
3 볼에 감자와 고추, 밀가루, 소금, 물을 넣고 잘 섞은 다음 기름을 두른 팬에 5센티미터 크기로 떠 넣어서 노릇하게 지진다.

몸에 더 좋게 먹기

감자는 단면을 자르면 전분이 많이 나와 쉽게 갈변이 되기 때문에 물에 담가 놓고, 썬 뒤에도 한 번 헹군 다음 조리한다. 감자는 싹이 나지 않은 것이 좋은데 만약 싹이 났다면 반드시 제거해야 한다. 감자의 싹 부분에 독성을 가진 솔라닌이라는 성분이 있기 때문이다.

사과파이 소음인

사과는 성질이 차고 섬유질이 많아서 변비에 좋다. 위액을 분비해서 소화를 돕고, 상쾌한 맛으로 식욕을 돋우기도 한다. 아침에 먹는 것은 좋지만 저녁에 먹으면 외려 위에 좋지 않은 영향을 미치니 주의해야 한다. 설사를 자주 하고 장이 좋지 않은 소음인이 사과를 먹으면 설사가 멎는다.

재료

올리브오일 ·············· 적당량
우리밀 통밀가루 ·········· 적당량
사과 ················· 1과 1/2개
조청 ···················· 2큰술
계피가루 ·············· 1/3작은술
유기농 설탕 ·············· 1큰술

파이시트
우리밀 통밀가루(강력분) · 100g
아몬드가루 ················ 20g
두유 ······················ 25g
소금 ················· 1/4작은술
올리브오일 ················ 25g
바닐라에센스 ············· 1방울

1 밀가루는 체에 내려서 아몬드가루를 섞고, 두유에는 소금을 넣어 둔다.
2 밀가루에 두유와 올리브오일을 붓고 잘 섞은 다음 바닐라에센스를 넣고 살살 버무린다.
3 2의 반죽을 비닐에 싸서 냉장고에 1시간 정도 두었다가 밀대로 밀어 파이시트를 만든다.
4 파이 팬에 올리브오일을 바르고 그 위에 밀가루를 뿌린 다음 파이시트를 얹고 팬 밖으로 튀어나온 끝을 자른다.
5 사과 한 개는 껍질을 벗기고 잘게 썰어서 냄비에 올리브오일 2큰술과 같이 넣어 볶다가 조청, 계피가루를 넣고 조린다.
6 사과 반 개는 반달 모양으로 얇게 저미고 설탕을 뿌려 수분을 제거한다.
7 4의 파이시트에 올리브오일을 바른 다음 5의 조린 사과를 얹고 그 위에 6의 사과를 둥근 모양으로 두른다. 마지막으로 파이에 5의 시럽을 바르고 180도의 팬에서 25분간 굽는다.

몸에 더 좋게 먹기

사과는 미리 설탕에 재웠다가 파이를 하거나 끓여서 차로 마시면 좋다. 사과를 식초물에 담갔다가 씻은 후 동량의 설탕을 넣어 재우고 밀폐해서 냉장 보관하면 된다. 사과는 살이 단단하고 광택이 있으면서 모양이 일정한 것으로 고른다.

매실장아찌 **태음인**

맛이 시고 떫은 매실은 폐에 좋으며, 몸의 진액을 생산하여 갈증을 해소해 준다. 또한 몸속의 균을 없애 주고 몸의 열을 내리기도 한다. 매실에 함유된 피크린산은 간의 기능을 활성화하고 담즙의 분비를 촉진해 소화를 돕는다. 위와 장에도 좋아 태음인에게 잘 맞는다.

재료

매실 ············· 1kg
유기농 설탕 ············· 800g
고추장 ············· 1컵
물엿 ············· 1컵
마늘종장아찌 ············· 1컵
마늘장아찌 ············· 1/4컵
통깨 ············· 2큰술

1 매실은 살에 칼집을 넣은 다음 분량의 설탕을 붓고 100일간 재운다.
2 1을 체에 받쳐서 매실 알맹이와 시럽을 분리한 다음 매실 과육을 잘라 씨를 뺀다.
3 볼에 고추장과 물엿을 섞고 매실과 마늘종장아찌, 마늘장아찌를 넣은 후
  통깨를 뿌리고 버무려 밀폐 용기에 담아 보관한다.

몸에 더 좋게 먹기

풋매실은 날것으로 먹으면 청산 중독을 일으키기 때문에 설탕에 재워 100일간 보관한 다음 매실청을 내려서 먹는 것이 좋다. 남은 살은 장아찌를 만들어 먹는다. 매실은 신맛이 강하기 때문에 위산이 과다 분비되는 사람은 물에 타서 연하게 먹거나 먹는 것을 삼가는 것이 좋다.

파인애플소스샐러드 **태양인**

파인애플은 맛이 달고 소화가 잘되는 식품으로 육류를 먹고 나서 입가심으로 먹으면 좋다. 주석산과 구연산이 풍부하고 섬유질이 많아 변비에도 좋고, 비타민C가 풍부해서 피부 미용에도 좋다. 파인애플은 특히 위장의 기능이 좋지 않은 태양인에게 어울리는 식품이다.

재료

양상추	4잎
케일	3잎
치커리	4잎
상추	2잎

파인애플소스

골드파인애플	1/5개
머스터드	1큰술
포도씨오일	1큰술
소금	1/3작은술

1 양상추는 한입 크기로 뜯어서 물에 5분 정도 담가 놓았다가 체에 밭쳐서 물기를 제거한다.
2 케일, 치커리, 상추는 양상추와 같은 크기로 썰어서 물에 담갔다가 체에 밭친다.
3 믹서에 1센티미터 크기로 썬 파인애플과 머스터드, 포도씨오일, 소금을 넣고 곱게 갈아 파인애플소스를 준비한다.
4 1과 2의 채소를 접시에 담고 파인애플소스를 그 위에 뿌리거나 곁들여 낸다.

몸에 더 좋게 먹기

파인애플을 고를 때는 잘 익은 것을 고르는 것이 좋다. 병조림한 것을 소스로 이용해도 된다. 파인애플을 병조림으로 만들 때는 속까지 익을 정도로만 삶고 설탕은 너무 많이 넣지 않는다. 완성된 병조림은 냉장 보관한다.

친환경생활수기공모전 수상작 | **이형미** (전라북도 정읍시 상평동)

마당 넓은 우리 집

우리 집의 아침은 바쁘게 시작한다. 고등학교 2학년인 아들 녀석은 7시 30분까지 학교에 도착해야 한다. 나도 8시까지 직장에 출근해야 하기 때문에 준비에 정신이 없다. 그래도 우리 가족은 아침 식사를 거르지 않는다. 집에 작은 텃밭이 있어서 겨울만 빼고는 아무 때나 그곳에서 채소를 뽑아다 먹는다. 지금은 고추와 오이가 한창이다. 한 개만 먹어도 하루 비타민C 필요량을 충족시켜 준다는 고추를 된장에 푹푹 찍어 물 말은 밥에 먹고 나면 하루가 거뜬하게 시작된다. 사실 2년 전만 하더라도 직장 생활을 하는 나는 모든 것을 빨리빨리 하는 것이 습관이 되어 있었다. 밥도 빨리 먹고 음식도 거의 인스턴트식품을 사다 집에서 적당히 요리해서 냈다. 두 아이를 키우는 엄마이다 보니 TV 등을 통해 보도되는 인스턴트식품의 해악이 염려되기도 했지만, 생활을 핑계로 자꾸만 마트에 의존하는 습관이 붙어 가고 있었다. 큰 깨우침을 위한 작은 시련이었을까. 2년 전에 가슴에 망울이 만져지면서 아파 오기 시작했다. 결국, 서울의 큰 병원까지 가서 가슴 절제 수술을 하고 6개월의 치료를 거치면서 1년간 휴직까지 해야 했다. 그리고 그것은 내 삶의 방식을 바꿔야만 하는 큰 이유가 되었다.

버리는 것 없는 자연주의 생활

우리 가족은 마당이 있는 주택으로 이사하며 자연과 벗하는 삶을 살게 되었다. 이사하자마자 남편은 우선 개와 닭을 사 왔다. 남편 퇴근 시간이 되면 개가 기뻐하며 짖고 닭들은 뭔가 바쁜 걸음으로 닭장 주변을 서성거린다. 남편이 가져오는 선물이 기대되나 보다. 남편의 선물은 바로 직장에서 남은 음식 찌꺼기를 쓸어 담은 큰 찜통. 이렇게 모인 음식물은 모두 닭과 개의 차지다.

가끔 밖에서 외식하거나 어디서 식사를 하는 경우가 생기면 우리는 남은 반찬을 싸 가지고 온다. 한 번 먹고 버리는 그 많은 음식이 너무나 아까웠는데 닭들이 맛있게 먹는 모습을 보면 너무도 마음이 뿌듯하다. 당연히 집에 있는 모든 남은 음식물은 닭들과 개의 먹이다. 덕분에 집에 냄새 나는 음식물 쓰레기를 모아 놓을 필요도 없고, 쓰레기봉투도 사용하지 않는다. 좋은 먹이 때문인지 포동포동 살이 찐 닭들은 매일 알을 낳는다. 남편은 매일 서너 개의 실한 달걀을 꺼내 오는 재미에 흠뻑 빠졌다. 얼마 전엔 닭이 알을 품기 시작하더니 병아리 4마리를 깠다. 이제 아침이 오면 작은 병아리들이 삐악거리면서 밥을 달라고 조르는 소리에 마음이 흐뭇해지기도 한다.

남편과 시아버지는 텃밭을 일구기 시작했다. 고추를 심고 한쪽에는 지지대를 세워 오이와 방울토마토를 심고, 상추 씨앗을 가져와 뿌리고, 호박 구덩이를 파고 그곳에 거름 되라고 음식물 쓰레기와 개똥을 가져다 붓고. 작년 가을에는 집에서 나온 배추와 무로 김장할 수 있을 정도가 되었다. 사실 나는 채소 가꾸는 데는 그다지 손을 대지 않는다. 남편과 시아버지께서 거의 다 하셔서 손댈 일이 없다. 남편은 열심히 따다 먹기나 하라고 한다. 이렇게 우리 집은 점점 자연에 가까워져 가기 시작했다.

자연과 가까워지는 식생활은 다른 부분들도 변하게 했다. 그 변화에 가장 영향을 많이 받은 사람은 나였다. 집 안의 소소한 일상들이 대부분 내 생각과 손을 거쳐야 했으니 이젠 나를 둘러싼 환경도 돌아보게 되었다. 시판용 스펀지 수세미에 세제를 많이 부어 사용하기보다는 손으로 뜨개질해서 만든 친환경 수세미를 썼다. 어느 날은 멸치와 새우, 다시마를 사다가 분쇄기에 갈아 천연 조미료를 만들기도 한다. 요리책에 나와 있는 이상한 이름의 소스를 내 힘으로 만들어 보려고 인터넷을 뒤진 일도 있다.

환경을 위한 작은 실천, 채식

그리고 올해 초에 큰 맘 먹고 고기 요리를 먹지 않기 시작했다. 이런저런 채식 요리를 다양하게 만들다 보니 늘 걸리는 문제가 바로 소스. 그래서 매실즙을 담고, 복분자를 얼리고, 천연 감식초를 얻어 오는 수고도 마다하지 않았다. 마당에 나가면 금방 따올 수 있는 오이, 상추, 케일, 부추 등 채소를 섞어 내가 만든 소스를 뿌려 꼭꼭 씹어 먹는다. 된장소스, 간장소스 하나도 맛깔 나게 만들어 보려고 이런저런 시도를 해 본다. 처음에는 달가워하지 않고 그냥 사다 먹자고 투덜대던 아이들도 이제는 적응되었는지 직접 길러 갖든 채소와 소스를 즐겁게 먹

는다. 봄에 돋아나는 여린 새싹들은 먹지 못할 것이 거의 없다고 한다. 그래서 올봄 내내 아침에 일어나면 나는 마당으로 나갔다. 밭에서 자라는 여러 채소와 함께 화단 가에서 자라는 이런저런 풀들도 조금씩 뜯어 온다. 민들레의 쌉쌀한 맛과 질경이의 텁텁한 맛도 올봄에 느껴 본 새로운 맛이었다. 이름 잘 모르는 허브도 한 잎 따서 넣어 보고, 향기 강한 당귀 잎도 샐러드 재료로 이용해 본다.

작년에 친정어머니가 오셔서 담가 주신 고추장에 매실즙, 그리고 감식초로 맛을 낸 소스를 뿌린 채소 샐러드는 아침 식사에 상쾌함을 주고 마음까지 즐겁게 한다. 천천히 느긋한 마음으로 자연식을 먹는 식습관을 들이니 몸도 가뿐해지고 마음도 편안해졌다.

오늘날 세계는 곡물 수확량의 1/3을 소와 다른 가축이 소비하고 있는 반면 거의 10억에 달하는 사람들이 영양실조에 허덕이고 있다. 또한, 미국 평균 4인 가족이 1년 동안 소비하는 쇠고기 수요를 감당하려면 보통 차량이 6개월 동안 운행하면서 방출하는 양의 이산화탄소가 필요하다고 한다. 지구온난화는 점점 심해지고 있고 지구 환경 시계는 지구 멸망을 뜻하는 자정에서 겨우 6분 비껴 난 시간을 가리키고 있다. 자연주의적인 삶과 채식은 이런 지구를 조금이나마 구하고자 하는 바람에서 시작됐다. 사실 나의 채식은 아직 완벽하진 않다. 달걀도 먹고, 생선도 먹는다. 하지만, 내가 채식을 선택하고 자연이 주는 것에 좀 더 가까이 다가가는 생활을 할 수 있게 된 것이 나는 너무나 고맙고 기쁘다. 환경 보호라는 거창한 이름으로 내가 무엇인가 큰일을 할 수는 없지만, 생활 속에서 실천하는 내 작은 친환경적인 태도가 이 세상을 아름답게 만들 거라는 생각이 든다. 그리고 그것은 내가 작은 시련을 겪고 얻어 낸 값진 선물이다.

가장 인간다운 삶은 자연 속의 삶

우리 가족은 가급적 일찍 자고 일찍 일어난다. 식사 때는 내 식습관에 맞춰 채식 위주의 식사를 한다. 간식은 우리 고장에서 재배한 고구마나 감자, 봄에 캐다가 냉장고에 넣어 두었던 쑥으로 만든 향긋한 개떡, 집에서 가꾼 방울토마토와 매실즙을 먹는다. 냉장고에 청량음료가

없고 배달해 먹는 간식 맛을 못 본다고 투덜거리면서도 아이들은 친구들에게 우리 집을 자랑한다. 입에 단 먹을거리와 세련된 인테리어는 없지만, 이름 없는 잡초도 아름다운 꽃을 피워내는 생명임을 배울 수 있는 마당 넓은 우리 집이 좋다고.

올봄에도 남편과 열심히 매실을 씻어 큰 항아리에 넣고 꼭꼭 밀봉하여 뚜껑을 덮어 두었다. 남편과 나는 가끔 매실을 저어 주러 간다. 새콤달콤한 향을 풍기는 매실 냄새를 맡으며 우리는 마음이 흐뭇해진다. 이 매실액이 맛있게 숙성되면 누구누구에게 나누어 줄 것인가를 생각한다. 그리고 한마디 덧붙일 것도 잊지 않는다. 인간은 자연의 한 부분이라 자연 속에서 살 때 가장 인간다워진다는 것을. 그리고 그때 세상이 아름다워진다는 것을.

이 글은 「살림로하스」 시리즈 출간을 기념하여 살림출판사와 녹색연합, 한살림, 예장생협, 무공이네, 마이클럽이 공동으로 주최한 2009년 「친환경생활수기공모전」의 수상작입니다.

Chapter
05

푸릇한 신선함,
잎줄기채소와 순채소

쌈으로 자주 먹는 잎줄기채소와 순채소는 영양이 풍부할 뿐 아니라,
반찬이 없을 때 깨끗하게 씻어 구수한 된장과 함께 상에 올리면
간단히 밥 한 그릇을 뚝딱 비울 만큼 맛도 좋고 신선한 식재료이다.
자연의 맛이 그대로 살아 있는 잎줄기채소와 순채소로 푸른 식탁을 꾸며 보자.

머위쌈밥 태음인

머위는 폐의 기운을 돋우고 가래를 삭이는 데 효험이 있어 기침이나 가래를 유발하는 호흡기 질환인 급성 및 만성 기관지염, 인후염, 편도선염 등을 치료하는 약재로 쓰인다. 그뿐만 아니라 위를 튼튼하게 하고, 약한 체질을 개선하며, 가슴이 답답해지면서 얼굴로 열이 오르는 것을 막고, 기를 보하기도 한다.

재료
머위(중간 크기) ············ 12잎
소금 ····················· 1/2작은술
밥 ······················· 2공기
참기름 ··················· 1작은술
검은깨 ··················· 1/2작은술
쌈장 ····················· 2큰술

1 머위는 소금을 넣은 끓는 물에 데치고 찬물에 담갔다가 겉껍질을 벗긴 후 물기를 제거한다.
2 밥은 약간 따뜻한 것으로 준비해 참기름과 검은깨를 넣고 잘 섞어서 식힌다.
3 2의 밥을 머위로 잘 싼 다음 쌈장을 곁들여 낸다.

몸에 더 좋게 먹기
머위를 먹을 때는 겉껍질을 벗겨야 하는데 그냥 벗기면 손끝에 갈색 물이 들어서 까맣게 변하므로 데친 다음 벗기는 것이 좋다. 머위의 쓴맛이 싫다면 기호에 맞게 물에 담그는 시간을 10~30분 사이로 조정하여 쓴맛을 제거한다.

상추겉절이 **태양인, 소양인**

상추는 성질이 차고, 맛이 약간 쌉쌀하다. 피를 맑게 하는 상추는 해독 작용이 있어 술을 마신 후 갈아서 먹으면 숙취 해소에 좋다. 또 이뇨 작용이 있어 신장 기능이 약한 소양인이나 태양인에게 좋은 식품이다. 상추를 먹으면 잠이 온다고 하는데 그 이유는 상추 안에 신경 안정성 물질이 있어서이다.

재료

상추	7잎
오이	1/4개
양파	1/4개
통깨	1큰술
간장	1큰술
소금	약간
참기름	1작은술

1. 상추는 깨끗하게 여러 번 씻다가 마지막 헹굼 물에 참기름 한 방울을 떨어뜨려 씻는다. 씻은 상추는 2센티미터 폭으로 썬다.
2. 오이는 4센티미터 길이로 돌려 깎아 채 썰고, 양파도 곱게 채 썰어 준비한다.
3. 통깨는 절구에 곱게 빻아 가루로 만든다.
4. 먹기 직전에 상추, 오이, 양파, 깨가루, 간장, 소금, 참기름을 넣고 버무려 그릇에 담는다.

몸에 더 좋게 먹기

상추겉절이를 할 때 상추 숨이 죽는 것이 싫다면 양념을 하기 전에 참기름으로 상추를 먼저 버무리면 된다. 상추를 씻기 전에 식초를 떨어뜨린 물에 5분간 담갔다가 씻으면 혹시 잎에 묻어 있을지 모르는 농약이나 벌레 등을 없앨 수 있다.

재료

시금치	1/4단
말린 붉은 고추	1/2개
콩고기	10g
마늘	1톨
올리브오일	2큰술
허브소금	1/4작은술
발사믹식초	1큰술

1 시금치는 깨끗하게 씻은 다음 5센티미터 길이로 썰고, 붉은 고추는 0.5센티미터 크기로 썬다.
2 콩고기는 물에 담갔다가 충분히 불면 물기를 제거하고 1센티미터 크기로 썰어 놓는다.
3 마늘은 얇게 저며서 썬 다음 올리브오일을 두른 팬에 살짝 볶는다.
　팬에 콩고기, 소금, 붉은 고추를 넣고 볶다가 마지막으로 시금치를 넣고 볶는다.
4 시금치가 숨이 살짝 죽으면 불을 끄고 발사믹식초를 뿌려 접시에 담아낸다.

몸에 더 좋게 먹기

시금치에는 옥살산이라는 성분이 있는데 체내에 있는 칼슘과 결합하면 결석을 만들기 때문에 시금치를 날것으로 먹는 것은 좋지 않다. 특히 신결석, 담석이 있는 사람은 먹는 것을 자제해야 한다. 샐러드를 할 때는 아주 살짝 볶아야 시금치의 아삭한 맛을 즐길 수 있다.

시금치샐러드 **태양인, 소양인**

시금치는 성질이 차고 맛이 달며 특유의 향이 강하다. 시금치의 찬 성질은 위의 열과 술독으로 인한 간의 열도 내리며, 건조한 피부를 촉촉하게 하기도 한다. 비타민C가 풍부해 잇몸에서 피가 나는 괴혈병 치료에 효과가 있고, 섬유질이 풍부해 변비에도 좋으며, 철분이 풍부해 빈혈을 예방해 준다.

109

숙주낫토무침 **소양인**

숙주는 녹두가 싹을 틔운 것으로, 녹두보다 비타민C가 더 풍부하다. 손상된 간을 회복시켜 주고, 술독을 해독하는 기능이 있어 간이 약한 사람에게 좋다. 또한, 숙주의 아르기닌은 위경련과 위궤양에 효과가 있다. 숙주에는 면역력을 높이는 비타민B_6도 다량 함유되어 있는데, 비타민B_6는 단백질 분해에 관여하며 부족할 경우 알레르기가 생기거나 면역력이 떨어진다.

재료
숙주 ················ 80g
소금 ················ 2/3작은술
김 ················ 1장
낫토 ················ 50g

1 숙주는 끓는 물에 소금 1/3작은술을 넣고 데친 다음 찬물에 헹궈 놓는다.
2 김은 기름을 두르지 않은 팬에 구워 4센티미터 길이로 곱게 채 썬다.
3 데친 숙주에 소금 1/3작은술을 넣어서 버무린 다음 낫토를 넣고 잘 섞는다.
  마지막으로 채 썬 김을 고명으로 올려 장식한다.

몸에 더 좋게 먹기
숙주의 효능을 잘 살려 먹으려면 날것으로 먹는 것이 좋지만 특유의 비린 맛 때문에 먹기 어려우므로 살짝 데쳐 먹는다. 숙주는 한약을 먹을 때는 먹지 않는 것이 좋은데 해독 작용이 너무 우수하여 약을 독으로 오인해서 해독할 수 있기 때문이다.

아욱된장국 소양인

아욱은 성질이 차서 몸에 열이 많은 소양인에게 좋다. 예로부터 아욱은 대소변의 원활한 배출을 돕는다고 전해지고 있으며, 한방에서는 아욱의 씨와 뿌리를 이뇨제 및 변비치료제 등으로 사용해 왔다. 특히 젖이 잘 나오지 않는 산부들이 아욱을 먹으면 유즙 분비가 촉진되어 젖이 잘 돈다. 아욱은 삶아서 조리하면 매끄러우면서 부드러워진다.

재료
아욱 ·········· 1/3단
다시마(5×5센티미터) ········ 3장
물 ········· 3컵
된장 ·········· 1과 1/2큰술

1 아욱은 겉껍질을 다듬어 씻은 다음 바락바락 치대서 풋맛을 없애고 2센티미터 폭으로 썬다.
2 다시마는 젖은 면포로 닦은 후 물에 넣고 끓이다가 거품이 나면 불을 끄고 건져 자잘하게 썰어 놓는다.
3 2의 다시마 우린 물에 된장을 풀고, 물이 끓으면 아욱을 넣어 더 끓이다가 국물의 양이 2와 1/2컵 정도가 되면 다시마를 넣고 불을 끈다.

몸에 더 좋게 먹기

아욱은 조리하기 전에 줄기를 다듬는다. 소금에 절인 아욱에 끓인 간장을 부어 장아찌를 만들어 먹거나 잘게 썰어 쌀이나 조와 같이 넣고 죽을 쑤어 먹어도 좋다. 성질이 찬 아욱은 양의 기운이 강한 체질이 먹기 때문에 담백하고 짜지 않게 조리하는 것이 좋다.

부추김치 소음인

약간 매운 맛이 나는 부추는 성질이 따뜻하고 소화를 촉진시키는 물질이 들어 있어 먹으면 몸에서 열이 난다. 강장 효능이 있고 허리를 강화하며 정력을 높이기 때문에 대표적인 정력 식품으로 꼽히기도 한다. 술병으로 자주 설사하는 사람은 부추로 죽이나 국을 끓여 먹으면 설사가 멈춘다. 몸이 냉해 자주 설사를 하는 소음인은 꼭 챙겨 먹도록 하자.

재료

부추	1/4단
사과	1/2개
마늘	2톨
생강	1/2쪽
조미간장	1/2큰술
고춧가루	2큰술
볶은 소금	적당량
유기농 설탕	1작은술

1 부추는 깨끗하게 씻어 준비한다.
2 껍질을 깐 사과, 마늘, 생강을 1센티미터 크기로 썰어서 준비한다.
3 사과, 마늘, 생강에 조미간장을 넣어 믹서에 간 다음 고춧가루, 소금, 설탕으로 간한다.
4 부추에 3의 양념을 넣고 버무린 후 한 번 먹을 양만큼만 덜어서 돌돌 말거나 썰어 접시에 담는다.

몸에 더 좋게 먹기

부추는 짙은 녹색에 잎이 짧고 만졌을 때 부드러운 것이 좋다. 더운 기운을 가진 부추는 몸에 열이 많거나 땀을 많이 흘리는 사람은 많이 먹지 않는 것이 좋다. 참깨와 궁합이 좋으니 조리할 때 참깨를 넣어 먹도록 하자.

브로콜리유자피클 소음인

브로콜리는 비타민U가 풍부해서 만성 위염, 위궤양 등을 예방하고 치료하는 데 효과가 뛰어나며, 비타민A, C 또한 풍부하다. 브로콜리에 함유된 셀레늄은 노화를 촉진하는 활성 산소를 중화시키는 작용을 하고, 항암에도 탁월하며, 면역 체계를 강화해 질병을 예방한다. 선천적으로 위나 장이 약한 소음인이 먹으면 효과가 좋다.

재료
- 브로콜리(큰 것) ······ 1/3개
- 물 ······ 1컵
- 소금 ······ 1큰술
- 유기농 설탕 ······ 1과 1/2큰술
- 포도식초 ······ 3큰술
- 유자청 ······ 2큰술

1 브로콜리는 한입 크기로 잘라 끓는 물에 살짝 데친 후 찬물에 헹군다.
2 냄비에 물, 소금, 설탕, 포도식초를 넣고 가열하다가 끓으면 불을 끈 다음 냄비의 물이 식으면 유자청을 섞는다.
3 밀폐용기에 브로콜리를 담고 2의 물을 부었다가 하루 정도 지난 후에 냉장 보관하여 먹는다.

몸에 더 좋게 먹기

브로콜리를 식초에 담가 너무 오래 두면 맛이 좋지 않으므로 사나흘 안에 다 먹을 정도의 적은 양을 담는 것이 좋다. 브로콜리를 소금에 두 시간 정도 절인 다음 피클을 만들면 좀 더 아삭하게 먹을 수 있다.

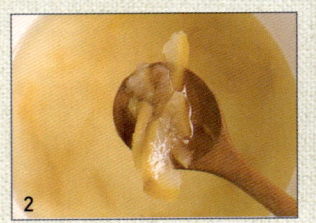

죽순채나물 태음인

죽순은 대나무의 어린 순으로, 그 성질이 몹시 차다. 몸에 가래가 많고 어지럼증이 있는 사람이 먹으면 효과가 좋다. 죽순에는 칼륨이 풍부해서 체내 염분을 조절해 체내 콜레스테롤을 떨어뜨리고 고혈압, 동맥경화, 심장 질환에 효과가 있으며, 섬유질이 풍부해서 변비에 좋다. 죽순은 찬 성질을 가진 식품이지만 태음인에게 잘 맞는다. 양의 성질이 있는 사람들이 먹어도 무리는 없다.

재료
죽순 ················· 1과 1/2개
소금 ················· 조금
실고추 ··············· 6줄기
허브오일 ············ 1/2큰술
깨소금 ·············· 1큰술
참기름 ·············· 1작은술

1 죽순은 껍질을 벗기고 소금을 넣은 물이나 쌀뜨물에 삶는다. 죽순 통조림을 사용할 경우에는 석회질을 제거한다.
2 삶은 죽순을 한입 크기로 썰고, 실고추는 2센티미터 길이로 썬다.
3 오일을 두른 팬에 죽순을 넣고 소금으로 간을 하며 볶다가 실고추와 깨소금을 넣고 좀 더 볶은 다음 불을 끄고 참기름을 뿌려 낸다.

몸에 더 좋게 먹기
생죽순은 소금, 쌀뜨물을 부어 속까지 무르도록 푹 삶아서 껍질을 제거하거나 껍질을 벗긴 다음 삶아야 아린 맛을 제거할 수 있다. 죽순을 조리할 때 표고버섯을 넣으면 맛이 훨씬 좋아진다.

Chapter
06

채식 별미, 해조류와 버섯

해조류와 버섯이 건강에 좋은 것은 널리 알려져 있다.
다시마를 초고추장에 찍어 먹거나 새송이버섯을 구워 그냥 먹는 등 해조류와 버섯은
조미를 전혀 하지 않아도 쉽게 섭취할 수 있어 매우 편리한 식재료이기도 하다.
체질에 맞는 해조류와 버섯으로 건강식을 만들어 보자.

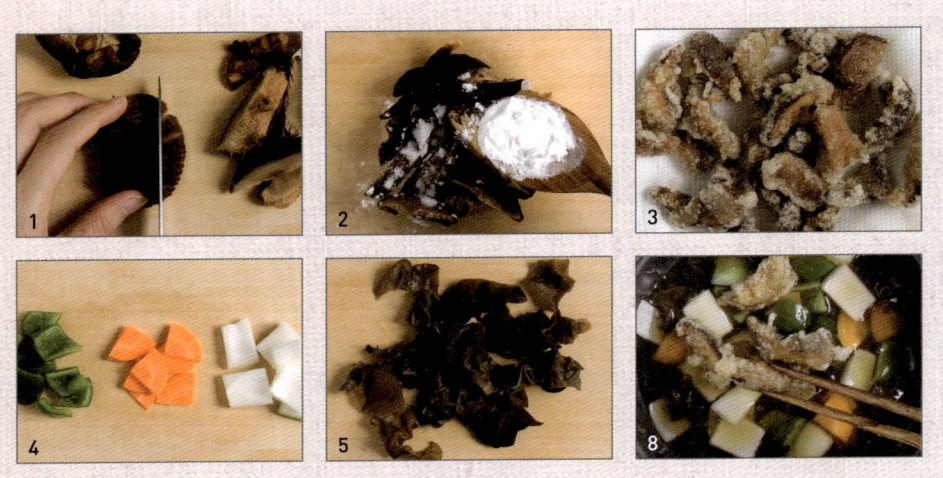

1. 마른 표고버섯은 씻어서 뜨거운 물에 불린 후 부드러워지면 밑동을 제거하고 1센티미터 두께로 썬다.
2. 1에 간장, 참기름, 후추로 밑간을 하고 물, 녹말가루를 넣어서 반죽한다.
3. 반죽한 표고버섯을 170도에서 두 번 튀긴다.
4. 당근, 양파, 피망은 2센티미터 크기로 썰어서 준비한다.
5. 목이버섯은 찬물에 불려 밑동을 제거한 다음 2센티미터 크기로 뜯어 놓는다.
6. 팬에 기름을 두르고 양파, 당근, 목이버섯, 피망을 넣어 살짝 볶는다.
7. 냄비에 간장, 설탕, 소금, 물을 넣고 가열하다가 끓기 시작하면 물녹말을 넣으며 농도를 맞춘다.
8. 7의 소스에 6의 볶은 채소를 섞은 다음 참기름을 넣어 탕수소스를 완성한다. 탕수소스를 튀긴 표고버섯에 골고루 묻혀 낸다.

재료
마른 표고버섯	8개
간장	1작은술
참기름	1/2작은술
후추	1/4작은술
물	3큰술
녹말가루	4큰술
당근	1/6개
양파	1/4개
피망	1/4개
목이버섯	2잎
식용유	1작은술

탕수소스
간장	1작은술
유기농 설탕	2큰술
소금	조금
물	3/4컵
물녹말	1과 1/2큰술
참기름	1/2작은술

몸에 더 좋게 먹기
표고버섯은 꼭 뜨거운 물에 불려야 꼭지까지 부드러워져 요리하기 좋다. 표고버섯은 상온에 보관하면 벌레가 생기기 때문에 잘 밀봉해서 냉장 또는 냉동 보관해야 한다.

표고버섯탕수 태음인

항암 성분이 있어 으뜸 건강식으로 꼽히는 표고버섯은 혈압 및 혈당을 조절하고 콜레스테롤 수치도 떨어뜨려 고혈압, 당뇨, 심장병 등의 성인병에 좋다. 특히 이런 질병에 노출되기 쉬운 태음인에게는 꼭 필요한 식품이다. 조리할 때는 생표고보다 말린 표고를 사용하는 것이 좋은데, 표고를 햇볕에 말리면 케톤류가 많아져서 향이 더 깊어지고 비타민D가 늘어나 체내 흡수율이 높아지기 때문이다. 특히 자라는 아이들에게 좋은 식품이다.

새송이버섯산적 태음인

새송이버섯은 느타리버섯과로 비타민B_6가 풍부하고, 혈액 생성, 신경 안정, 피부 미용에 효과적이다. 황아미노산이 많이 들어 있는 새송이버섯은 몸속의 중금속을 제거하며, 그 밖의 효능으로 변비 해소, 통증 완화, 탈모 및 노화 방지 등이 있다. 다른 버섯들에 비해 씹는 질감이 좋아 다양한 조리에 활용된다.

재료
- 새송이버섯(중간 크기) …… 3개
- 소금 …………………… 1/2작은술
- 참기름 …………………… 2작은술
- 흰 후추 ………………… 1/2작은술
- 밀고기 ……………………… 20g
- 간장 ……………………… 1작은술
- 유기농 설탕 …………… 1/2작은술
- 식용유 …………………… 1작은술
- 잣 ………………………… 1큰술
- 꼬치 ……………………… 6개

1. 새송이버섯은 6센티미터 길이로 도톰하게 잘라서 팬에 소금, 참기름 1작은술, 후추 1/4작은술을 함께 넣고 볶는다.
2. 밀고기는 물에 불린 다음 부드러워지면 물기를 제거하고 1센티미터 폭으로 썰어 간장, 설탕, 후추 1/4작은술, 참기름 1작은술로 밑간한 후 기름을 두른 팬에 볶는다.
3. 잣은 종이를 깔고 곱게 다진다.
4. 꼬치에 1의 새송이와 밀고기를 번갈아 끼워서 접시에 담은 다음 잣을 뿌려 낸다.

몸에 더 좋게 먹기
새송이버섯은 기름을 많이 흡수하기 때문에 기름으로만 볶으면 팬에 기름이 거의 사라져 타기 쉽다. 다시마 우린 물이나 물을 기름과 함께 넣고 볶으면 잘 볶이고 느끼한 맛도 나지 않는다.

1-1

1-2

2

3

4

재료

느타리버섯	10개
당근	1/6개
양파	1/5개
들기름	1/2큰술
간장	1큰술
다시마 우린 물	2컵
소금	조금
물녹말	3큰술
밥	2공기

1 느타리버섯은 큰 것은 4등분, 작은 것은 2등분하고, 당근과 양파는 4센티미터 길이로 곱게 채 썬다.
2 들기름을 두른 냄비에 양파를 먼저 볶다가 버섯, 당근을 넣어 다시 볶고 나서 간장, 다시마 우린 물을 부어 끓인다.
3 2의 국물에 소금으로 간을 맞추고 물녹말을 넣어서 농도를 맞춘 다음 밥에 얹어서 낸다.

몸에 더 좋게 먹기

느타리버섯은 갓의 색이 진하고 부서지지 않았으며 겉이 깨끗한 것으로 고른다. 보관할 때는 종이에 싼 다음 스프레이로 물을 약간 뿌린 후 그늘이나 냉장고 신선실에 넣어 보관한다. 느타리버섯은 건조기에 말려 장아찌를 하거나 가루로 만들어 양념장으로도 활용할 수 있다.

느타리버섯덮밥 소양인

느타리버섯은 비타민D의 모체인 에르고스테롤이 풍부해서 동맥경화, 고혈압 등에 효과가 좋다. 또한 플루란이라는 성분이 들어 있어 콜레스테롤을 떨어뜨리고, 요추 동통, 근육 경련, 수족 마비를 개선하며 면역 체계를 강화해 준다.

청포묵김가루무침 소양인

김은 그 성질이 차서 몸에 열이 많은 태양인, 소양인이 먹으면 좋은 식품이다. 열을 내리고 가래를 삭이기 때문에 폐 기능이 약한 체질에 좋다. 따라서 선천적으로 간과 폐 기능이 좋지 않은 태음인에게도 잘 맞는다.

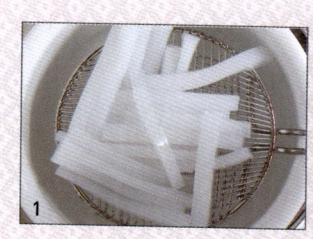

재료
청포묵 ·············· 1/2팩
소금 ················ 조금
김 ·················· 1장
깨소금 ·············· 1큰술
참기름 ·············· 1작은술

1 청포묵은 0.3센티미터 굵기로 채 썬다. 딱딱한 것은 끓는 물에 소금 1/2작은술을 넣고 데친 다음 식혀서 사용한다.
2 달군 팬에 파랗게 구운 김은 비닐에 넣어서 곱게 부순다.
3 볼에 청포묵과 김가루, 소금, 깨소금, 참기름을 넣고 잘 버무린 다음 그릇에 담아낸다.

몸에 더 좋게 먹기

김은 구워서 그냥 두면 잘 부서지지 않고 습기 때문에 비린 맛이 날 수 있다. 이럴 때는 종이에 싸서 전자레인지에 넣고 약 10초 정도 돌리면 다시 바삭해진다. 생김은 해를 보지 않는 것이 좋으므로 잘 밀폐해서 냉동실에 보관한다.

다시마튀각 모든 체질, 태음인

다시마는 성질이 차서 열이 많은 체질에 잘 맞는 식품이다. 다시마에는 식이 섬유가 풍부해 배변을 부드럽게 해 주고, 라미닌이라는 칼슘 성분이 체내 혈압도 떨어뜨려 준다. 특히 고혈압, 동맥경화, 심장병, 뇌 질환에 쉽게 걸릴 수 있는 태음인은 다시마를 자주 먹는 것이 좋다. 다시마는 모든 체질에 두루 좋은 식품이지만, 장이 좋지 않고 냉한 소음인은 장복을 삼가는 것이 좋다.

재료
다시마(5×5센티미터) …… 10장
식용유 …………………… 적당량
황설탕 …………………… 1큰술

1 다시마는 사방을 5센티미터로 자르고 젖은 면포로 닦아서 준비한다.
2 손질한 다시마를 180도 정도로 달궈진 기름에 넣고 튀긴 다음 기름을 제거한다.
3 튀긴 다시마에 황설탕을 뿌려서 그릇에 담아낸다.

🥄 몸에 더 좋게 먹기

다시마는 색이 짙으면서 도톰하고 녹색에 가까우며 표면의 염분을 먹었을 때 단맛이 나는 것이 좋다. 표면의 하얀 것은 염분이므로 조리할 때는 걷어 내고 쓰는 게 낫다. 다시마로 국물을 우릴 때는 너무 오래 끓이면 쓴맛이 나므로 거품이 나면 바로 불을 끄는 것이 좋다.

믿고 살 수 있는 친환경 매장

현재 국내 친환경 농산물의 인증은 국립농산물품질관리원에서 '저농약', '무농약', '전환기', '유기농' 네 종류로 구분하여 시행하고 있다. 저농약이란 유기합성농약과 화학비료는 기준 사용량의 2분의 1을 사용하되 제초제는 전혀 사용하지 않고 재배한 것을 말하며, 무농약이란 화학비료는 기준량의 3분의 1을 사용하되 유기합성농약과 제초제를 사용하지 않고 재배한 것을 말한다. 전환기란 무농약 재배를 시작한 후 유기농 인증을 받기 전까지 이행 기간 중 재배한 것을 말하고, 유기농이란 일정 기간 화학비료와 유기합성농약을 사용하지 않고 재배한 것으로 식품첨가물을 넣지 않고 유전자조작 식품이 아닌 것을 말한다. 이러한 상품을 파는 친환경 매장으로는 어떤 곳이 있는지 정리해 보았다.

● 생활협동조합

소비자가 조합원으로 가입하여 함께 운영하는 형태로 일정 출자금과 조합비를 납부해야 이용할 수 있다. 대부분 인터넷으로 주문할 수 있고 일주일에 1회 배송되므로 자세한 사항은 홈페이지를 참고한다. 곡물, 채소, 과일, 축산물, 장·양념·반찬 등의 기본 품목은 모든 생협이 비슷하지만 가공식품이나 생활용품 등은 생협마다 조금씩 다르다.

한살림
02-3498-3600 www.hansalim.or.kr

한살림은 한 집에서 살림하듯 더불어 살자는 뜻. 가입비와 출자금을 내고 조합원으로 가입하면 제품을 구입할 수 있다. 100퍼센트 국내산을 판매하는 것을 원칙으로 한다. 생명, 생태, 공동체를 기치로 한살림 운동을 전개한다.

- **매장** 서울·경기 11곳, 기타 지역 14곳
- **방법** 지역생협 조합원으로 가입한 뒤 출자금과 가입비 납부(지역마다 회원 가입 절차가 약간씩 다름)
- **배송** 지역매장별 주 1~2회 공급(주문 마감일 제도)
- **품목** 기본 품목 + 두부·어묵·묵 / 수산·건어물 / 떡·빵·잼 / 면·만두·피자 / 건강식품·꿀 / 차·음료·유제품 / 과자·빙과 / 화장품 / 생활용품

아이쿱생협 (구. 한국생협연대)
1577-0178 www.icoop.or.kr

지역주민운동으로 출발한 부평생협을 모태로 1997년 경인지역생협연대를 출범한 뒤 현재 한국생협연구소를 비롯해 지역생협활동을 지원하기 위한 생협연합회와 유기농 도매시장을 운영한다.

- **매장** 서울 8곳, 경기 16곳, 기타 지역 41곳
- **방법** 지역생협 조합원으로 가입한 뒤 출자금과 조합비 납부(지역마다 조합비와 가입 절차가 약간씩 다름)
- **배송** 날마다 오후 11시 주문 마감 뒤 3일 내 배송
- **품목** 기본 품목 + 신선 가공식품 + 차·음료 / 수산물 / 건재 / 간식거리 / 건강식품 / 면·만두 / 친환경생활용품

두레생협연합회
02-3283-7290 www.dure.coop

'생협수도권연합회'를 모태로 출발. 2004년 '지역생명운동'이라는 새로운 정체성을 확립하고 '두레생협'으로 개칭했다. 생산이력시스템을 갖추고 있어 각 상품의 생산지, 생산자, 생산과정을 확인할 수 있다.

- **매장** 서울 12곳, 경기 29곳
- **방법** 지역생협에 가입한 뒤 출자금과 가입비 납부
- **배송** 지역 매장별 주 1회 공급(주문 마감일 제도)
- **품목** 기본 품목 + 가공식품 / 일일식품 / 차·음료 / 건강식품 / 생활용품 / 여름 기획 / 수산·건어물

정농생협
02-404-6247 www.jungnong.com

농민들의 모임인 정농회가 기반이 되어 운영되는 생활협동조합. 우리나라 조직적 유기농법 실천의 첫 출발점. 기존 4단계 인증을 넘어 물품에 따라 6~8단계의 기준을 설정하고 있다(비닐 멀칭, 퇴비의 질, 질산염, 종자, 경력 등을 종합적으로 고려).

- **매장** 서울 5곳
- **방법** 조합원으로 가입한 뒤 출자금과 가입비 납부(기본 교육 이수해야 함)
- **배송** 주 3회 공급(주문 마감일 제도)
- **품목** 기본 품목 + 두부·어묵 / 면·간식 / 가루음식·떡국 / 차·음료 / 건강보조식품 / 생활용품 / 화장품 / 천연염색 / 수산·건어물

콩세알을 심는 농부(풀무생협)
070-7764-9283 www.kongseal.com

6백여 명의 친환경 생산자가 주축이 되어 만든 온라인 유기농 유통매장. 오프라인 매장은 없다. 일반회원으로 가입한 뒤 이용할 수 있다. 생산지가 홍성군 홍동면 일대에 밀집되어 있다.

- **매장** 없음
- **방법** 일반회원으로 가입한 뒤 이용 가능
- **배송** 당일 오후 10시까지 입금 확인 뒤 2일 내 배송
- **품목** 기본 품목 + 가루식품 / 간식·면 / 차·음료 / 건강식품 / 환경생활용품

여성민우회생협
02-581-1675 www.minwoocoop.or.kr

한국여성민우회가 주체로 농업·환경·지역 살리기 활동을 펼치고 있다. 지역주민과 조합원을 대상으로 환경, 친환경 소비, 식품안전, 요리, 건강 등의 강좌와 생산지 견학 및 요리, 노래, 책읽기, 영화, 생태목공 등 소모임, 생산자 1일 점장제, 여성생산자, 소비자 교류회 등을 운영한다.

- **매장** 서울·경기 12곳, 기타 지역 1곳
- **방법** 조합원으로 가입한 후 출자금과 가입비 납부
- **배송** 주 1회 공급(주문 마감일 제도)
- **품목** 기본 품목 + 우리밀제품 / 건강식품 / 환경생활용품 / 수산·건어물 / 차·음료

인드라망생협
02-576-1882 www.budcoop.com

도농공동체운동을 통한 도시와 농촌의 친환경농산물 직거래를 구상하고 불교귀농학교를 수료한 동문들이 전국 각지에서 생산한 생산물을 공급한다.

- **매장** 전국 사찰 4곳
- **방법** 조합원으로 가입한 뒤 출자금과 가입비 납부
- **배송** 월요일 주문 마감 / 매주 목요일 발송
- **품목** 기본 품목 + 일일식품 / 간식 / 친환경생활용품 / 수산물 / 우리밀제품 / 건강식품

예장생협
02) 426-5801, 5803~4 www.yj-coop.or.kr

농촌과 도시, 자연과 인간이 함께 더불어 살아가는 건강한 세상을 이루기 위해 도시와 농촌의 크리스천들이 손을 잡고 만든 생명공동체이다. 생활재를 받기 3일 전 오후 6시까지 인터넷이나 전화로 주문하면 지역별로 편성된 공급요일에 배송된다.

- **매장** 없음
- **방법** 조합원으로 가입한 뒤 출자금 납부
- **배송** 주 1회 공급(서울 및 수도권), 지방은 택배
- **품목** 기본 품목 + 신선식품 / 일반 가공품 / 수산물·생선류 / 생활용품 / 여름생활재 / 선물용생활재 / 급식용

● 유기농 유통전문매장

생활협동조합과는 조금 다르지만 다양한 친환경 상품을 많은 지역 매장에서 만날 수 있다.
여러 가지 참여활동을 통해서 소비자가 쉽게 유기농을 접할 수 있다.

무공이네
02-441-8266 www.mugonghae.com

친환경 유기농 식품을 비롯한 친환경 생활용품을 유통하는 곳으로 단순한 상품 유통뿐만 아니라 바른 생활문화를 만들어 가는 곳이다.

- **매장** 전국 직영점 200여 곳 / 가맹점 11곳 / 농협 아침마루 입점
- **방법** 일반회원 / 로하스 회원(가입비와 월회비 납부 시 할인율 적용)
- **배송** 서울·경기 일부는 당일 배송 / 그 외는 익일 배송
- **품목** 기본 품목 + 간식·면 / 건강식품 / 차·음료 / 생활잡화 / 여성 / 문구·완구

초록마을
080-023-0023 www.hanifood.co.kr

초록마을 인터넷 사이트와 전국 2백여 초록마을 매장을 통해 국내에서 생산되는 친환경 유기농 식품 및 환경생활용품, 주류 등을 판매한다.

- **매장** 서울 46곳, 경기 50곳, 기타 직영점 111곳 / 가맹점 50여 곳
- **방법** 일반회원으로 가입한 뒤 구매가능
- **배송** 일반물품은 주문 뒤 익일 배송, 저온물품은 주문 이틀 뒤 배송
- **품목** 기본 품목 + 건강식품 / 간식·면 / 차·음료 / 생활용품 / 수산·건어물

유기농 녹색가게 신시
1644-6279 www.shinsi.com

(주)녹색세상의 유기농 유통 사업기구. 신시 매장을 시작으로 생태마을, 녹색문화사업, 출판문화사업 등을 운영하고 있다. 생산지 탐방 프로그램, 생태, 건강, 육아, 교육 등 다양한 분야의 정보 수록. 해외 유기농도 취급한다.

- **매장** 서울·경기 35곳, 기타 지역 80곳
- **방법** 일반회원으로 가입한 뒤 이용 가능
- **배송** 주 3회 공급(주문 마감일 제도) / 서울·경기 지역은 당일 배송
- **품목** 기본 품목 + 우리밀제품 / 간식 / 차·음료 / 건강식품 / 생활용품 / 수산·건어물

올가
080-596-0086 www.orga.co.kr

ORGANIC의 앞 네 글자를 줄인 '올가'는 풀무원에서 운영한다. 순수 한우, 아토피 전용 식품, 친환경 소재 생활용품 취급. 백화점과 대형할인마트 내 매장 운영, 체험상품, 산지체험 프로그램 운영, 매월 총매출액의 0.1퍼센트를 지구사랑기금으로 기부한다.

- **매장** 서울·경기 직영점 9곳, 전국 입점 매장 26곳(롯데백화점 등)
- **방법** 일반회원으로 가입한 후 구매 가능
- **배송** 서울·경기 지역 당일 배송 / 그 외 익일 배송
- **품목** 기본 품목 + 차·음료 / 건강식품 / 간식·면 / 생활용품 / 수산·건어물

유기농 미생채
02-3667-3691~3 www.misaengchae.com
www.healgreen.com

(주)GMF에서 운영하는 친환경 농산물 전문 유통점. 농민과 1천여 명의 약사들이 참여. 뉴질랜드의 유기농 전문기업인 허클베리팜스&힐그린 또한 미생채가 운영한다. 아토피 등 건강제품에 강하다.

- **매장** 미생채-전국 19곳, 힐그린-전국 7곳
- **방법** 일반회원으로 가입한 후 구매 가능
- **배송** 전일 오후 5시 30분까지 주문 뒤 익일 배송
- **품목** 기본 품목 + 화장품·바디용품 / 허브·아로마 / 아토피 / 유기농의류

나에게 맞는 유기농 가게 찾기

채식인이라면?
육식에 입맛이 젖은 사람들도 채식으로 식습관을 바꾸는 데 어려움이 없도록 콩과 글루텐(밀)을 사용해서 만든 채식고기 제품과 달걀, 동물성 원료, 화학조미료, 방부제가 들어가지 않은 순수한 채식 웰빙 먹을거리를 제공한다.

베지푸드 www.vegefood.co.kr   해바라기 ww.62nong.org
베지월드 www.vegeworld.net   채식사랑비즌 www.vegn.co.kr
베지랜드 www.vegeland.com   베지테리아 vegeteria.co.kr

직접 보고 사야 안심된다면?
온라인에서 사는 것은 믿을 수 없다. 지역 매장에서 꼼꼼히 살펴보고 장을 보는 세심형이라면 살고 있는 지역에서 가까운 곳에 친환경 매장이 있는지 살펴본다.

- 아이쿱생협, 한살림, 두레생협, 정농생협, 여성민우회생협, ECO생협
- 무공이네, 초록마을, 올가, 미생채, 한마음유기농쇼핑몰, 유기농녹색가게 신시, 유기농 스토리, 온라인 유기농도매센터, 총각네 채소가게

싱글에게 딱 좋은 매장은?
싱글은 적은 양을 파는 곳이 딱 좋다. 자주 장을 보지 않고 한 번 장을 보면 냉장고에 오래 넣어 두고 먹는 이에게 소량 포장으로 판매하는 친환경 매장을 추천한다.

무공이네 www.mugonhae.com   힐그린 www.haelgreen.com
농군마을 www.canaanmall.com   이팜 www.efarm.co.kr
미생채 www.misaengchae.com   올가 www.orga.co.kr

아이가 있는 집이라면?
아이가 있는 곳은 더더욱 먹을거리, 입을거리, 생활용품에 신경 쓰게 마련이다. 먹을거리뿐만 아니라 아이에게 필요한 각종 분유, 이유식, 기저귀, 유아화장품, 장난감 등 친환경물품을 판매하는 곳을 소개한다.

유기스토어 www.62store.com   신시 www.shinsi.com
해가온 www.hegaon.com   힐그린 www.healgreen.com
미생채 www.misaengchae.com

구입하는 것만으로 만족 못해!
생태환경운동에 관심이 있고 소비자와 생산자의 건강한 관계를 꿈꾸는 분들에게 생활협동조합을 추천한다. 조합원 신분으로 생산과 유통 과정에 함께 참여할 수 있으며 소비자인 조합원이 농산물의 품질을 인증하는 '자주인증제도'를 시행하는 곳도 있다. 보통 조합원들에게 다양한 교육과 활동을 제공한다.

두레생협 www.dure.coop
한살림 www.hansalim.or.kr
아이쿱생협 www.icoop.or.kr
여성민우회생협 www.minwoocoop.or.kr

산지체험에 가고픈 활동형
생산지 탐방과 주말농장, 논농사 체험 같은 생산 과정을 함께하거나 정월대보름, 단오, 가을걷이 등 절기별 축제를 하는 곳이다. 요리, 생태목공, 건강과 관련된 교육강좌와 지역회원 모임도 진행한다.

두레생협 www.dure.coop
콩세알 www.kongseal.com
여성민우회생협 www.minwoocoop.or.kr
인드라망생협 www.budcoop.com
신시 www.shinsi.com
무공이네 www.mugonhae.com
올가 www.orga.co.kr
한마음공동체 www.yuginong.co.k
한살림 www.hansalim.or.kr

아토피 벗어던지고파~
대개 친환경 매장은 먹을거리가 중심이지만 매끈한 피부와 건강한 몸을 가꾸고 싶은 몸짱형을 위한 건강용품 및 생활용품이 많은 곳도 있다.

미생채 www.misaengchae.com
웰빙지기 www.wbzigi.co.kr
신시 www.shinsi.com
여성민우회생협 www.minwoocoop.or.kr

100% 채소로 맛있게
체질밥상 보약밥상

펴낸날	초판 1쇄 2010년 3월 25일
	초판 2쇄 2013년 12월 24일

지은이	김외순
펴낸이	심만수
펴낸곳	(주)살림출판사
출판등록	1989년 11월 1일 제9-210호

주소	경기도 파주시 문발동 522-1
전화	031-955-1350 팩스 031-624-1356
홈페이지	http://www.sallimbooks.com
이메일	book@sallimbooks.com

ISBN 978-89-522-1362-4 13590

※ 값은 뒤표지에 있습니다.
※ 잘못 만들어진 책은 구입하신 서점에서 바꾸어 드립니다.

독소를 배출하고 몸을 보(補)하는 체질별 채식밥상

아무리 맛좋은 산해진미도, 귀한 보약도, 자신의 몸에 맞지 않으면 효과를 볼 수 없습니다.
하지만 체질을 알고 그에 맞추어 음식을 챙겨 먹으면 과한 부분은 배출할 수 있고
부족했던 부분은 보(補)할 수 있어 효과적이지요. 체질별로 입맛과 취향에 따라
채소는 물론 곡류와 두류, 과일류까지 갖가지 조리법으로 즐겁게 섭취하며
자연의 싱그러운 기운을 몸에 담아 보십시오.
- 부산정보대학 호텔조리과 박영희 교수